青少年健康教育读本

主编◎裴久国

中国健康传媒集团
中国医药科技出版社

内 容 提 要

青春期是由儿童到成年人的过渡时期，是决定人一生体格、心智发育的关键时期。青春期健康不仅关系到青少年自身的身心健康，还影响家庭和谐和社会伦理秩序的稳定。针对青少年开展青春期健康教育，对于青少年学生健康成长具有十分重要的意义。本书围绕青春期饮食、青春期常见疾病、青春期安全意外处理、青春期心理问题四个方面，从青春期青少年所要面对的种种健康问题入手，传播青春期健康知识，以塑造青少年健全人格、促进和谐家庭关系，帮青少年健康度过青春期这一重要时期。

图书在版编目（CIP）数据

青少年健康教育读本 / 裴久国主编 . — 北京 ：中国医药科技出版社，2020.9

ISBN 978-7-5214-1985-6

Ⅰ . ①青… Ⅱ . ①裴… Ⅲ . ①青少年教育—健康教育 Ⅳ . ① G479

中国版本图书馆 CIP 数据核字（2020）第 162758 号

美术编辑 陈君杞
版式设计 也 在

出版 **中国健康传媒集团** | 中国医药科技出版社
地址 北京市海淀区文慧园北路甲 22 号
邮编 100082
电话 发行：010-62227427 邮购：010-62236938
网址 www.cmstp.com
规格 787 × 1092 mm $^{1}/_{16}$
印张 $8\ ^{3}/_{4}$
字数 147 千字
版次 2020 年 9 月第 1 版
印次 2022 年 9 月第 4 次印刷
印刷 三河市万龙印装有限公司
经销 全国各地新华书店
书号 ISBN 978-7-5214-1985-6
定价 29.00 元

获取新书信息、投稿、为图书纠错，请扫码联系我们。

《青少年健康教育读本》编委会

序

少年智则国智，少年强则国强。

青少年是国家的未来、民族的希望。青少年健康成长，未来我国社会主义事业才能更加蓬勃发展。

青春期是人生成长的必经之路，青春期是青少年生理、心理急剧变化的时期，也是青少年世界观、人生观、价值观逐步形成的关键时期。处在这个时期的青少年，身体上茁壮成长，从未成熟到成熟，心理上快速转变，开始脱离儿童时代的认知方式，创造新的自我观念，其自我意识和独立性急剧增强。他们对于世界充满好奇，又时而困惑，极易呈现出情绪两极化、行为冲动等特征，需要加以正确教育和引导。

在湖北省援疆医疗专家的帮助指导下，新疆生产建设兵团第五师八十六团医院积极着眼青少年健康成长，组织专门力量，历时8个月精心编撰了《青少年健康教育读本》这部科普读本。全书以图文并茂的形式介绍了青春期科学饮食、常见疾病、安全意外处理、心理问题等与青少年健康成长息息相关的科学知识，内容通俗易懂，可读性强，期待这本书的出版，能够帮助青少年养成良好的卫生健康习惯，树立正确的世界观、人生观、价值观。

新疆维吾尔自治区博尔塔拉蒙古自治州党委副书记

湖北省援疆工作前方指挥部党组书记、总指挥

周　锋

2020年6月

前言

想到青春，你会想到什么呢？阳光、自由、天真、好奇、懵懂、莽撞，抑或是热烈、张扬？的确，青春有无限的激情，未来有无限的可能。

青春期是由儿童到成年人的过渡时期。它是人的一生中生理、心理、社会行为由未成熟到成熟、未定型到定型的急剧变化的时期，也是决定人一生体格、心智发育的关键时期。这一阶段，青少年面临着快速生长发育，身高体重增加、第二性征的出现，相应而来心理同样产生急剧变化，他们好奇、兴奋、叛逆，也有着种种成长的烦恼和无措。

青少年是国家的未来，青少年健康成长，拥有健康的体魄和健全的人格，养成良好的行为习惯，怀抱开拓精神和使命感，国家的未来才更好，中国梦才能实现。

青春期健康教育是促进和保护青少年健康成长的需要。青春期健康不仅关系青少年身心健康，还影响家庭和谐和社会伦理秩序的稳定。面向青少年开展青春期健康教育，帮助他们顺利度过青春期，不仅是每一位家长和老师的共同愿望，也是全社会的责任所在。青春期健康教育对于青少年学生健康成长具有十分重要的意义。

在青少年学生中开展积极、科学的青春期健康教育，提高中学生青春期健康知识水平，帮助他们了解青春期身心的各种变化，引导他们以正确的态度和科学的方法解决成长过程中诸多健康问题的困惑，增强青少年健康意识和自我保护意识，培养自尊、自信、自爱的品格和社会责任感，掌握有利于缓解青春期身心变化所带来的各种压力的能力，为美好的将来打下良好基础。

本书旨在传播青春期健康知识，以塑造青少年健全人格、促进和谐家庭关系，帮青少年健康度过青春期这一重要时期。全书围绕青春期饮食、常见疾病、安全意外处理、青春期心理四个方面，从青春期青少年所要面对的种种健康问题入手，使广大青少年在了解健康知识的同时，增强健康意识，提高健康素养，在遇到问题时认清自我，正确对待，平稳度过青春期，成为更好的自己。

全书图文并茂、浅显易懂，非常适合大众阅读，书中利用相关中医学理论知识阐述青春期人体的变化，在防治相关疾病时，充分发挥中医治疗的长处，并加以相关介绍，同时也向青少年及其家长普及了中医学知识。本书适用于作为科普读物供青少年、家长、中小学教师阅读参考。希望本书的出版，能为普及健康知识，推进社会主义精神文明建设，助力健康中国建设发挥作用。

编者

2020 年 7 月

目 录

第三章 青春期安全

第四章 青春期心理

第一章
青春期饮食

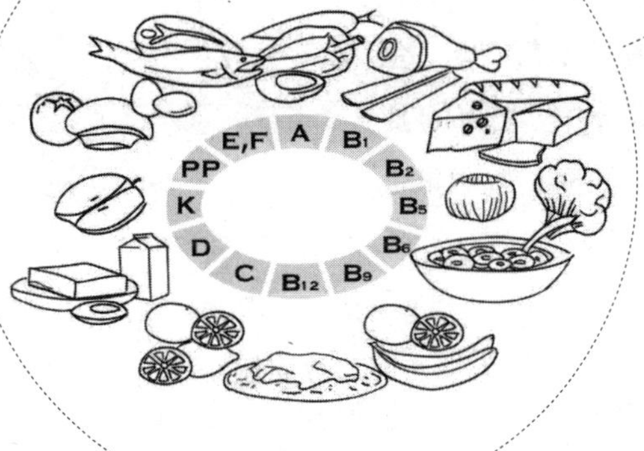

第一节　食物的种类

青春期是每个人由儿童逐渐成人化必经的一个过渡时期，青春期饮食影响着青少年健康。我们每天都在吃各种各样的食物，食物可以为我们提供生命所需的能量与各种的营养；食物可以促进我们生长发育，帮助我们抵御疾病。食物可分为粮谷类、蔬菜类、肉类、奶类、蛋类和油糖盐类。青春期的饮食要注意膳食平衡，不可挑食。一般来说，面、米等主食中含糖量相对比较多；蔬菜、水果中富含各种维生素，无机盐较多；肉、鱼、牛奶、蛋、大豆含蛋白质和脂肪多一些。三餐热量的合理比例是：早餐大约30%、午餐大约40%、晚餐大约30%。蛋白质、脂肪、碳水化合物的比例应分别占总热量的12%~14%、20%~25%、55%~60%。

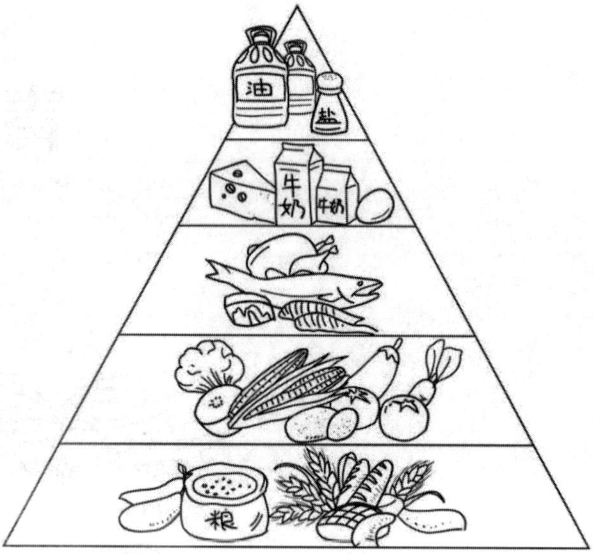

一、粮谷类

（一）谷类的构造及营养分布

1. 谷类的构造

胚芽和谷皮中含有各种酶，如 α– 淀粉酶、β– 淀粉酶、蛋白酶、脂肪酶和植酸酶等，在贮存过程中，在条件适宜酶的活动下，粮谷易产生变质。

2. 谷类的营养价值

（1）蛋白质：一般谷类蛋白质含量为6%~9%，又以大米蛋白的品质较好。一般来说，谷类蛋白的生理价值并不是很高，有几种必需氨基酸，如赖氨酸、苯丙氨酸和蛋氨酸偏低。

（2）脂肪：粮谷中脂肪含量低，仅为1%~3%，主要存在于胚芽及糊粉层，除甘油三酯外，还含有植物固醇和卵磷脂。

（3）糖类：占谷物重量的70%~80%，包括淀粉、糊精、戊聚糖、葡萄糖等。

（4）无机盐：集中在谷皮、糊精层和胚芽里，含有磷、铁、铜、钴、锌、硒、锰、钼、镍、铬等。磷、钙中一部分形成植酸钙镁盐，几乎不能被身体吸收运用。

（5）维生素：B族维生素大部分存在于胚芽和谷皮中，以维生素B_1、维生素PP较多，还有维生素B_2、维生素E等。

（二）杂粮

人们常将米、麦以外的谷物称为杂粮。杂粮有高粱、玉米、小麦及甘薯等。其营养特点与谷物相同。

1. 高粱

高粱有黄、红、黑、白等不同品种，其蛋白质含量为5%~7%（赖氨酸、苏氨酸较低），脂肪及铁含量比大米高，淀粉含量约为60%，淀粉粒细胞膜较硬，不易糊化，煮熟后不及大米、面粉易消化。

2. 玉米

玉米中蛋白质含量为6%~9%（色氨酸、赖氨酸含量较低，但苏氨酸、含硫AA含量较大米高），胚芽中油脂含量较丰富，除甘油三酯外，还有卵磷脂和生育酚。黄玉米含有一定量的胡萝卜素。

3. 小米

有粳小米、糯小米2种。蛋白质含量为10%左右（色氨酸较一般谷物多），脂肪和铁含量比玉米高，维生素B_1、维生素B_2较丰富，有少量胡萝卜素。小米粥是一种营养丰富的谷物食品。

4. 甘薯

鲜甘薯含水69%、蛋白质1.9%，其余大部分为糖类。鲜甘薯中胡萝卜素、维生素C及钙含量比大米高，有丰富的膳食纤维和无机盐，是一种碱性食品。所含的黏液蛋白可维持人体心血管壁的弹性、防止动脉粥样硬化、减少皮下脂肪堆积。

青春期的能量需求量大，青春期的青少年每天约需要谷类食物400~500 g，因此多吃谷物来获得充足的能量，是青春期的营养指导要点。

二、蔬菜类

（一）蔬菜分类

1. 叶子类

以叶片及叶柄为产品的蔬菜。比如白菜、空心菜、韭菜、菠菜、莴苣叶等。

2. 根茎类

以植物的根部为产品的蔬菜。比如藕、土豆、萝卜、洋葱、蒜苗等。

3. 瓜果类

以植物果实及种子为产品的蔬菜。比如南瓜、黄瓜、冬瓜、番茄、辣椒等。

（二）蔬菜的营养价值

蔬菜的营养物质主要包含矿物质、维生素、纤维等。维生素是生物的生长和代谢所必需的微量有机物，对青春人群的生长发育起重要作用。多吃蔬菜补充维生素 C，有利于促进铁的吸收。尤其是青春期的女生月经来潮，造成铁的流失，应多吃含铁量高的蔬菜比如菠菜来补充营养。

三、肉类

（一）肉的分类

1. 禽畜肉类

禽类和畜类的肉。禽类是指鸡、鸭、鹅等；畜类是指猪、马、牛、羊等。

2. 鱼肉类

鱼的肉。鱼肉属于瘦肉型，脂肪含量较低，鱼肉是蛋白质的重要来源，还富含人体所需的维生素 A、维生素 D、维生素 E 等。

（二）肉类的营养价值

肉类富含优质蛋白、脂类、脂溶性维生素、B 族维生素和矿物质等，是平衡膳食的重要组成部分。青春期人群随着身高、体重的发育，新陈代谢的速度提升，内脏器官的生长，对于蛋白质的需求也日益增加。肉类中的蛋白质含量较高，因此青春期人群每天都应该摄入足量的肉类，为生长发育提供充足的营养。肉类中的脂肪也为生长发育提供了能量，但是为了避免热量过剩，肉类摄入应该“多瘦少肥”。同时，摄入肉的种类也要多样化，禽畜类、鱼肉类都要有所摄入，尤其是鱼肉类。鱼肉容易被人体吸收，鱼肉所含的蛋白质是完全蛋白质，其中所含必需氨基酸的量和比例最适合人体的需要，容易被吸收，而且鱼肉的饱和脂肪酸和胆固醇会比畜类的低，这也降低了一些疾病的风险。鱼肉还富有维生素 A、维生素 D、维生素 E 等人体所需营养素。蛋白质是一切生命的物质基础，所以蛋白质对青春期的青少年是必不可少的。

四、奶类——牛奶

日常生活中，牛奶是在奶类中获取最为方便的，所以本节奶类阐述以牛奶为例。

（一）牛奶的营养价值

1. 蛋白质

牛奶含有的蛋白质中优质蛋白占 2.8%~3.3%。主要是由 79.6% 的酪蛋白、11.5% 的乳清（白）蛋白和 3.3% 的乳球蛋白组成，另有少量的其他蛋白质，如免疫球蛋白和酶组成。

2. 脂肪

乳类的脂肪含量为 2.8%~4.0%，以微粒状的脂肪球分散在乳液中，呈很好的乳化状态，容易消化吸收，吸收率高达 97%。牛乳中的脂类主要以甘油三酯为主，少量磷脂和胆固醇，乳脂肪中脂肪酸组成复杂，油酸占 30%，亚油酸和亚油酸分别占 5.3% 和 2.1%，短链脂肪酸（如丁酸、乙酸、辛酸）含量较高，约为 9%，是乳脂肪具有良好风味及易于消化的原因。

3. 碳水化合物

乳类中的碳水化合物主要为乳糖，牛乳乳糖含量为 3.4%~5.4%。乳糖在肠道中能促进钙、铁、锌等矿物质的吸收，提高其生物利用率，促进肠道乳酸细菌，特别是双歧杆菌的繁殖，改善人体微生态平衡，促进肠道细菌合成 B 族维生素。

4. 维生素

牛奶中几乎含有人体所需要的多种维生素，牛奶是 B 族维生素的良好来源，可以提供相当充足的维生素 B_{12}、核黄素、维生素 A、维生素 B_6 和泛酸。

5. 矿物质

牛奶中矿物质含量为 0.7%~0.75%，包括钙、磷、钾、硫、镁等常量元素及铜、锌、锰等微量元素。100 ml 牛奶中含钙 110 mg，为人乳的 3 倍。牛奶并且吸收率较高，是钙的良好来源。牛奶中钙和磷的比值为 1.2∶1。牛奶中镁、钾元素含量也比较丰富，有利于控制血压，并成为动物性食品中唯一的碱性食品。但其中铜、铁含量较低，必须从其他食物中获取。

6. 其他物质

牛乳中还有大量的生理活性物质，其中较为重要的有乳铁蛋白、免疫球蛋白、生物活性肽、共轭亚油酸、酪酸、激素、生长因子和多种活性肽类等。生物活性肽是乳蛋白质在消化过程中经蛋白酶水解产生的，包括镇静安神肽、抗高血压肽、免疫调节肽和抗菌肽。牛乳中乳铁蛋白的含量为 20~200 μg/ml，具有调节铁代谢、促生长和抗氧化等作用，经蛋白酶水解形成的肽片段具有一定的免疫调节作用。

（二）每天一杯奶

牛奶中不仅富含促进青春期人群骨骼发育的重要营养物质——钙，还含有丰富的蛋白质、B 族维生素等重要营养。青春期人群可以每天喝一杯牛奶，以提供身体功能所需，保障生活学习效率。

五、蛋类

常见的蛋类有鸡蛋、鸭蛋、鹅蛋和鹌鹑蛋等。其中产量最大，食用最广泛，食品加工工业中使用最普遍的是鸡蛋。

（一）蛋的结构

一般来说，禽蛋都是由蛋壳、蛋清、蛋黄三部分组成。以鸡蛋为例，每只鸡蛋平均重约 50 g，蛋壳重量占全部的 11%，其主要成分是碳酸钙，其余为碳酸镁和蛋白质。蛋壳表面布满直径为 15~65 μm 的角质膜，在蛋的钝端角质膜分离成一气室。蛋壳的颜色由白到棕色，深度因鸡的品种而异。颜色是由于卟啉的存在，与蛋的营养价值无关。蛋清包括两部分，外层为中等黏度的稀蛋清，内层包围在蛋黄周围的为角质冻样的稠蛋清。蛋黄表面包有蛋黄膜，有两条韧带将蛋黄固定在蛋的中央。

（二）蛋的营养价值

蛋清和蛋黄分别约占总可食部分的 2/3 和 1/3。

蛋清中营养素主要是蛋白质，不光含有人体所需的必需氨基酸，而且氨基酸组成与人体组成模式接近，生物学价值达 95 以上。全蛋蛋白质几乎能被人体完全吸收利用，是食物中最理想的优质蛋白质。在进行各种食物蛋白质的营养质量评价时，常以全蛋蛋白质作为参考蛋白。蛋清也是核黄素的良好来源。蛋黄比蛋清含有较多的营养成分。钙、磷和铁等无机盐多集中于蛋黄中。蛋黄还含有较多的维生素 A、维生素 D、维生素 B_1 和 B_2。维生素 D 的含量随四季、饲料成分和鸡的光照时间不同都会出现有一定变化。蛋黄中含磷脂较多，还含有较多的胆固醇，每 100 g 约含 1500 mg。蛋类的铁含量较多，但因有卵黄高磷蛋白的影响，其吸收率只有 3%。生蛋清中含有抗生物素和抗胰蛋白酶，前者妨碍生物素的吸收，后者抑制胰蛋白酶的活力，但当蛋煮熟时，即被破坏。

近年来，因为患动脉粥样硬化和冠心病的人血液里的胆固醇都有增高，所以人们对胆固醇望而生畏，害怕吃多了蛋黄会造成动脉硬化，因此不敢吃鸡蛋。这种顾虑是不必要的。在正常情况下，胆固醇并不是有害的东西，它也是人体不可缺少的重要物质。在体内胆固醇不仅是构成细胞的基本材料之一，而且能合成几种重要的激素，在体内还能转变成维生素 D_3。此外蛋黄里还富含卵磷脂，是一种强乳化剂，它可使血液中的胆固醇和脂肪颗粒细化，并保持悬浮状态，从而妨碍胆固醇和脂肪在血管壁的堆积，透过血管壁为身体组织所利用，不会增加血浆胆固醇。

虽然鸡蛋很有营养，但是物极必反，吃鸡蛋也有一个度，吃多了会适得其反，鸡蛋中含有大量的胆固醇，一天吃太多不会被身体吸收，所以青少年每天吃 1~2 个鸡蛋就可以了。

六、油、盐、糖类

（一）油类

食用油也称为“食油”，是指在制造食品过程中使用的，动物或者植物油脂。

常温下为液态。由于原料来源、加工工艺以及品质等原因，常见的食用油多为植物油脂，包括粟米油、花生油、火麻油、玉米油、橄榄油、山茶油、棕榈油、芥花籽油、葵花子油、大豆油、芝麻油、亚麻籽油（胡麻油）、葡萄籽油、核桃油、牡丹籽油等。

食用油是人们生活的必需品，是提供人体热能和必需脂肪酸、促进脂溶性维生素吸收的重要食物。衡量油脂的营养价值有两个指数，一是不饱和脂肪酸的含量；二是必需脂肪酸的含量。植物油所含这两种脂肪酸，一般要比动物油高。对于正在生长发育的青春期人群来说，不必过分限制动物油。一般情况下，食用动、植物油以 3 ∶ 7 的比例作为用量标准较为适宜。

（二）盐类

盐类是烹饪中最常用的调味料之一，学名为氯化钠（化学式 NaCl），白色结晶体，吸湿性强，应存放于干燥处。食盐也是人体正常的生理活动不可缺少的物质，每人每天 3~5 g。食盐在自然界里分布很广。海水里含有丰富的食盐。盐湖盐井和盐矿中也蕴藏着食盐。我国有极为丰富的食盐资源。

（三）糖类

糖类是人体的重要能源，也是大脑的重要能源，脑所需的糖类主要是葡萄糖。虽然脑的重量占全身的 2% 以上，但脑所消耗的葡萄糖却是全身能量消耗总数的 20%。糖类在脑活动中起重要作用，人体在青春期发育所需要的热量比成年人高 25%~50%，一方面因为年轻人活动多，基本需要热量高；另一方面，生长发育需要额外的营养原料，而热量来源于糖类（60%~65%）。我们每日饮食已经足够满足全身活动的需要，所以不需要食用过多的糖类。

第二节　青春期的膳食搭配

（一）膳食摄入要多样，摄入量要合理且充足

应季摄入，做到主、副食粗细搭配，荤素、干湿均衡，多供给乳制品，保证钙的摄入充足。

（二）三餐合理，适度加餐

青春期人群的营养早餐应尽量减少油炸类食物，可以为豆浆、燕麦粥、小米粥、鸡蛋、牛奶等。中餐应荤素搭配，鱼肉、羊肉、猪肉等肉类，再添加各种时令蔬菜与水果。晚餐要早吃和少吃，尽量以轻食为主。因为晚上活动较少，如果太晚进食或者吃太多，会造成胃部消化压力过大，导致消化不良。这正是我们日常所说的“早餐要吃好，中餐要吃饱，晚餐要吃少”，还要尽量少吃或不吃零食。另外，青春期消耗较大，在三餐中间可以适度加餐，有选择性地食用一些健康食品，比如水果、坚果类等。

（三）从日常食物中获取热量，补充营养要素

青春期是身心活动量不断加大的高峰时期，对热量的需要比成人高，能量的来源应该是日常食物，而不能过度依赖所谓的“营养补剂”这一类补品。食物中所含有的营养相当丰富，其中主要有蛋白质、碳水化合物、脂肪、维生素、纤维素、矿物质和水，这就是人体所必需的七大营养素。钙和磷是造骨成齿的主要原料，可以通过多吃虾仁、核桃仁、瓜子等来补充。铁是构成红细胞，是血液的主要成分，缺少铁会造成贫血，青春期人群补铁可以多吃肉类、豆类等。

（四）不偏食，不挑食

青春期人群的生长发育需要各种各样的营养素，如蛋白质、维生素、碳水化合物、油盐糖等，少了一样，时间长了身体都会产生不适。如果长时间只吃自己爱吃的食物，就会出现某些营养过多而另一些过少的不平衡现象，不利于身体正常的生长发育。在我们经常吃的米饭、馒头、蔬菜、水果、鸡、鸭、鱼、肉、蛋、奶等各种食物中，都含有身体所需的营养物质，但也没有任何一种食物能够同时满足身体对所有营养素的需求。因此，只有不挑食、不偏食，才能保证自己身体的正常发育。

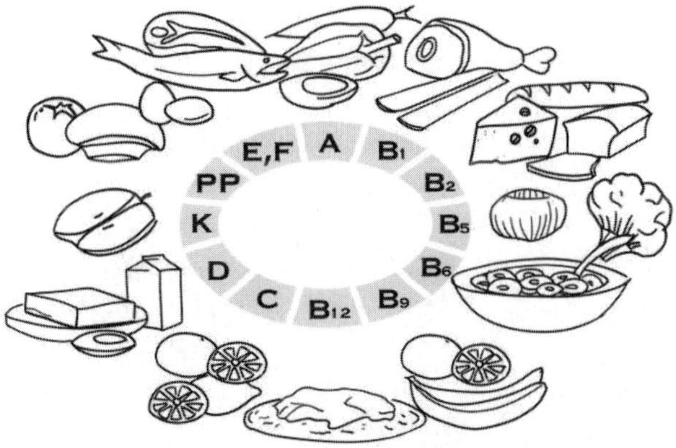

青春期知识小链接

青春期的分期

我们人类的一生可以大致分为六个阶段：女性为新生儿期、幼童期、青春期、生育期、更年期、老年期；男性为新生儿期、幼童期、青春期、成年期、中年期和老年期。因为影响人体生长发育的因素较多，所以世界各地的青春期划分不一。

青春期的生理发育大概需要10年时间，一般在10~20岁，世界卫生组织（WHO）将青春期分为两期：即青春期前期（10~14岁），为生长发育的突增期；青春期后期（15~20岁），为生长发育的缓慢期。我国一般将青春期的范围规定为11~18岁。一般可划分为青春早期（early adolescence）、青春中期（middle adolescence）和青春晚期（late adolescence）三期。但也有分为五期者，即增加青春前期（preadolescence）和青春后期（post adolescence）。此时青春期开始的年龄与根据生理标准的划分一致，即从月经初潮（女性）和初次遗精（男性）算起，青春期的终止期则较推后。女性青春期一般为10~18岁，男性青春期一般比女性晚2年，为12~20岁。

第二章 青春期常见疾病

不管是哪一种青春期常见疾病，我们平时都要注意预防，一旦发病，建议及时去医院就诊，在专业医师的指导下进行规范治疗。

第一节　痤疮

一、痤疮的定义

痤疮是一种毛囊皮脂腺的慢性炎症性皮肤病，主要好发于青少年，多发于颜面部及胸背部。俗称“青春痘”，中医学称为“粉刺”。

二、痤疮的病因病机

痤疮的发病比较复杂，我们可以从中医学和西医学两方面来认识理解。

（一）中医学病因病机

中医学认为，痤疮虽然生长在皮肤，但是与五脏六腑息息相关，主要可以分为以下 5 型。

1. 肺经风热型

表现为颜面潮红，粉刺焮热、瘙痒，或有脓疱，苔薄黄，舌红，脉细数等症状。一般鼻部及胸背部痤疮属肺，是由肺经风热阻于肌肤所致。

2. 脾胃湿热型

表现为皮疹红肿瘙痒，常伴有大便不畅、消化不良、腹胀、苔黄腻、脉滑数等症状。中医学认为，肺与大肠相表里，若饮食不节，过食肥甘、油腻、辛辣食物，脾胃蕴热，大肠积热，上蒸于肺胃，熏蒸于颜面部而成。

3. 肝气郁结型

多见于女子，皮疹反复发作，与月经周期及情绪有明显关联。

4. 肝肾阴虚型

多见于30岁以上的人群，皮疹色红不鲜，常见面色晦暗，色素沉着，神疲乏力，苔薄白，脉濡滑等症状。

5. 热毒血热型

青春之体，血气方刚，阳热上升，与风寒相搏，郁阻肌肤所致。主要指青春期时痤疮大面积发作。

（二）西医学病因病机

西医学认为，痤疮是一种多因素疾病，与性激素水平、皮脂腺的大量分泌、痤疮丙酸杆菌增殖、毛囊周围细胞角化异常、炎症反应等因素相关。部分也与情绪、遗传、饮食等因素相关。尤其是人体进入青春期之后，雄激素分泌增加，刺激毛囊皮脂腺分泌，皮脂排出增多，阻塞毛孔，进而痤疮出现的情况较其他时期频繁。

三、痤疮的表现及分级

（一）痤疮的表现

痤疮表现主要有两种皮损：非炎症性皮损和炎症性皮损。非炎症性皮损即粉刺。根据粉刺是否有开口，又分为白头粉刺（闭合性粉刺）和黑头粉刺（开放性粉刺）两种。炎症性皮损有多种表现，如丘疹、脓疱、结节、囊肿、瘢痕等。

1. 白头粉刺

毛囊皮脂腺口被角质细胞堵塞，角化物和皮脂充塞其中，与外界不相通，形成闭合性粉刺，看起来为稍稍突起的白头，摸起来呈凸起的小点。

2. 黑头粉刺

毛囊皮脂腺内被角化物和皮脂堵塞，而开口处与外界相通，形成开放性粉刺，表面看起来是或大或小的黑点，一般鼻部出现较多，俗称“草莓鼻”。

3. 丘疹

丘疹是痤疮最基本的损害。在毛囊皮脂腺口堵塞的情况下，形成毛囊皮脂腺内缺氧的环境，厌氧性的痤疮丙酸杆菌大量繁殖，分解皮脂，产生化学趋化因子，白细胞聚集而发生炎症性丘疹，所以这类丘疹属于炎性损害。

4. 脓疱

脓疱是炎性丘疹的进一步发展、加重。毛囊皮脂腺内大量中性粒细胞聚集，吞噬痤疮丙酸杆菌发生炎症反应，大量脓细胞堆积形成脓疱。这种情况愈后易形成瘢痕，主要为凹陷性瘢痕。

5. 结节

在脓疱的基础上，毛囊皮脂腺内大量的角质物、皮脂、脓细胞存贮，使毛囊皮脂腺结构破坏而形成高出于皮肤表面的红色结节，基底有明显的浸润、潮红，触之有压痛。

6. 囊肿

在结节的基础上，毛囊皮脂腺结构内大量脓细胞的聚集。既有脓液、细菌残体、皮脂和角化物，又有炎症浸润。毛囊皮脂腺结构完全被破坏，触摸起来有囊肿样感觉，挤压之可有脓血溢出。

7. 瘢痕

瘢痕是痤疮（青春痘）的最严重的损害。在炎性丘疹以上的严重损害，因真皮组织遭到破坏，愈后结缔组织修补从而形成瘢痕。瘢痕是机体对于组织损伤产生的一种修复反应，当皮肤的损伤深及真皮，使大面积的表皮缺损，该部位的表皮不能再生，将由真皮的纤维细胞、胶原以及增生的血管所取代，这样就出现了瘢痕。瘢痕一旦形成，不易自行消退。

（二）痤疮的分级

根据痤疮皮损性质及严重程度可将痤疮分为四级、三度。

1 级（轻度）：仅有粉刺。

2 级（中度）：除有粉刺外，还有炎性丘疹。

3 级（中度）：除有粉刺、炎性丘疹外，还有脓疱。

4 级（重度）：除有粉刺、炎性丘疹、脓疱外，还有结节、囊肿或瘢痕。

四、痤疮的治疗

一般来说，痤疮属于一种自愈性疾病，人体可以自我调节恢复，临床以炎性丘疹最多见，同时可伴有多种皮损，伴随着疼痛感，病程一般较长，反复发作，时轻时重。如果没有积极地从日常生活控制，或者严重时没有进行必要的药物处理，它将对我们的日常生活产生很大的负面影响。

在治疗痤疮时，不论是选择中药，还是西药，都建议到正规医疗机构就诊，在相关专业医生指导下应用，不要私自用药，因为有些药物用药不当容易产生比较严重的不良反应。

青少年痤疮出现以下情况时，建议一定要及时去医院就诊：

（1）重度痤疮。

（2）自行使用痤疮非处方药物 1 个月及以上无效（如阿达帕林凝胶）。

（3）痤疮引起了瘢痕，难以通过日常生活护理消除。

（4）严重影响内心，产生强烈的自卑心理，拒绝与他人进行正常的人际交往等情况。

青少年痤疮患者去医院就诊时建议先选择皮肤科，必要时再到内分泌科、针灸科就诊。

中医学的药物治疗都是建立在辨证的基础上，要分清痤疮的寒、热、虚、实属性，需要医患面对面，经医生看清舌苔、脉象等，然后再处方用药。例如肺经风热证要清热除风解毒，宜选用凉枇杷清肺饮加减。另外，中医学的中药熏洗、针灸、针刀、火针、局部点刺放血（大椎穴、耳尖等处）等特色疗法的临床疗效也很好。

西医学的药物治疗有以下几种：

（1）局部外用药物：维 A 酸类（维 A 酸乳膏、阿达帕林凝胶等）、过氧化苯甲酰、抗生素类（红霉素、氯霉素等）、硫黄洗剂等。

（2）口服抗生素：首选四环素类（米诺环素、多西环素等），其次为大环内酯类（红霉素），避免选择常用于治疗系统感染的抗生素（如左氧氟沙星等）。一般使用 6~12 周。

（3）口服异维 A 酸：对于严重的痤疮，口服异维 A 酸是标准疗法，也是目前治疗痤疮最有效的方法。

（4）抗雄激素治疗：如口服避孕药复方醋酸环丙孕酮片，适用于女性中、重度痤疮患者，伴有雄激素水平过高表现（如多毛、皮脂溢出等）或多囊卵巢综合征。迟发型痤疮及月经期前痤疮显著加重的女性患者也可考虑应用口服避孕药。

（5）口服糖皮质激素：主要用于暴发性或聚合性痤疮，遵循短期、小剂量、与其他方法联合应用的原则。

（6）其他：对于不能耐受或不愿接受药物治疗的患者，还可考虑物理治疗，如光动力疗法（PDT）、果酸疗法、激光治疗等。

五、痤疮的预防

1. 保护皮肤屏障，适当清洁

痤疮出现时，一般皮脂腺分泌比较旺盛，一旦过度清洁后，会导致皮肤屏障受损，皮肤水油平衡被破坏，比如使用清洁力度大的洗面奶；一天洗 3 次脸，甚至更多次等。所以我们平时可以用温水洗脸，早、晚两次，如果出油较多，中午可以适当增加一次。护肤品及化妆品可以根据自己的肤质选择。另外，要注意防晒，不建议化妆，如果化妆了，一定要卸妆彻底。

2. 饮食清淡均衡

缺乏锌元素或维生素 B 可能导致痤疮，可以适量补充 B 族维生素等。要少吃辛辣刺激、甜腻的食物。巧克力、可乐、牛羊肉等高热量食物，容易加重体内的湿热。青春期人群痤疮发作时建议少喝牛奶，可以多喝豆浆或酸奶，多吃水果、蔬菜、粗粮，喝菊花茶、玫瑰茶等。

3. 保持生活规律，避免熬夜

生活不规律，熬夜，容易导致新陈代谢发生障碍，造成皮肤水分流失，长期熬夜，会导致内分泌失调，进而出现痤疮。

4. 保持良好的个人卫生

不要经常用手去摸脸，与颜面部经常接触的被套、枕巾、衣服等个人物品要注意勤洗勤晒，保证其清洁。

5. 积极运动

运动可以加快血液循环，促使体内的废物及时排出体外，让皮肤在不断地出汗过程中保持毛孔通畅，避免痤疮的发生及加重。

6. 保持心情舒畅，避免紧张和焦虑

过于紧张或忧虑，会刺激肾脏腺素的产生。肾脏腺素本身即可进行雄性荷尔蒙素的正常生长，进而刺激油脂的分泌。在痤疮发生在自己身上时，不要焦虑，要学

会自我疏导，明白痤疮是可以预防治疗的。

六、痤疮患者的日常注意事项

（一）面部危险三角区的注意事项

面部的危险三角区域是由口角两侧至鼻根区的三角区。对于痤疮我们不要用手挤、抠等，尤其是面部三角区域，因为面部的血液循环十分丰富，纵横交错的血管在面部肌肉中穿梭。浅静脉又与深静脉相连并直接进入颅内的静脉海绵窦，且面部的静脉内没有阻止血液反流的静脉瓣，当肌肉收缩时，血液可以反流进入颅内。简单一点的理解就是，面部危险三角区域的感染可以通过血液反流，使细菌进入深静脉，引起败血症、脓毒血症，甚至进入颅内引起血栓性静脉炎等一系列的致命性疾病。

（二）痤疮引起的瘢痕处理

1. 在治疗痤疮引起的瘢痕之前，要将痤疮治疗好，使其不再生长。

2. 要注意防晒，大量紫外线照射会使恢复期的皮肤产生色素沉淀，我们可以选择戴帽子、抹防晒霜、打防晒伞等措施。

3. 每周敷 2~3 次面膜，并配合美白保养品，建议尽量选择功能性化妆品，可以加速皮肤新陈代谢，帮助肌肤自我修复，达到肤色均匀。

4. 饮食上可以多吃一些加速皮肤愈合能力的食物，如：百合、绿豆、银耳、莲子、薏仁、杏仁、核桃、芝麻、花椰菜、白菜、番茄、柠檬、猕猴桃等。

5. 加强运动，皮肤的出汗让新陈代谢加快，有利于肌肤的恢复。

6. 一些严重的痘印瘢痕，日常护理很难恢复的，在经济条件的允许下，可以考虑到医院皮肤科进行医疗美容处理，如红蓝光、果酸、微针祛痘、强脉冲光、激光（染料激光和点阵 CO_2 激光）以及光动力等手段。

第二节 肥胖

一、肥胖的定义

肥胖是由于食物摄入过多或机体代谢的改变而导致体内脂肪积聚过多造成体重过度增长并引起人体病理、生理改变的一种病理现象。

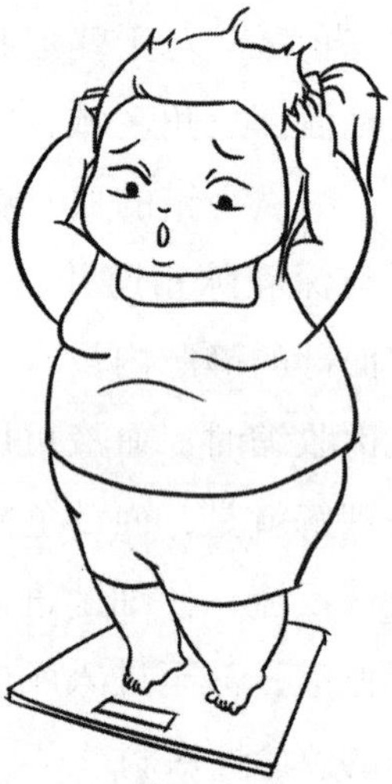

二、肥胖的诊断标准

评定标准：肥胖度 =（实际体重 – 标准体重）÷ 标准体重 ×100%。正常体重千克数 = 身高厘米数 –105；体重指数（BMI）= 体重（kg）÷ 身高（m^2），一般是 18.5~24.9。

体脂率是指人体内脂肪重量在人体总体重中所占的比例，又称体脂百分数，它反映人体内脂肪含量的多少。男女体脂率多少有些差别，但大体上为 20% 左右。一般青春期（12 岁）男孩和女孩体脂率大体为 20%，到 18 岁男性下降至 15%，女性上升至 20% 以上。18 岁以上男女都呈上升趋势。正常体脂率男性为 15%~20%，女性为 20%~25%。如从 20% 增加到 25%~30% 时，那么就是肥胖。

三、肥胖的病因病机

（一）中医学病因病机

《灵枢 · 卫气失常》根据人之皮肉气血的多少对肥胖进行分类，分为“有肥”“有膏”“有肉”三种证型，其中“膏人”纵腹垂腴皮缓，“脂人”腘肉坚皮满，“肉人”皮肉不相离身体容大等。后世医家对肥胖的分型即由此发展而来。

对于肥胖的病因，中医学认为与饮食不节、脾胃失调、痰湿壅滞、先天禀赋不足等因素相关，人体正气亏虚，不能运化水谷精微，导致湿热痰瘀壅塞。

中医学理论认为，肥胖的病机主要是阳气虚衰，痰湿偏盛，即“多痰”和“少气”。脾气虚弱则运化转输无力，水谷精微失于输布，化为膏脂和水湿，留滞体内而致肥胖；肾阳虚衰，则血液鼓动无力，水液失于蒸腾气化，致血行迟缓，水湿内停，而成肥胖。临床上将肥胖一般分为脾肾阳虚型、胃热湿阻型、肝郁气滞型、脾虚湿阻型等类型。

（二）西医学病因病机

西医研究认为肥胖的发病与以下因素有关：

1. 遗传因素

父母中有一人肥胖，则子女有 40% 肥胖的概率，如果父母双方皆肥胖，子女可能肥胖的概率升高至 70%~80%。他们大多是遗传了父母“错误的饮食习惯”，而导致的肥胖。

2. 社会环境因素

很多人都有着“能吃是福”的观念。现今社会，食物种类繁多，各式各样美食常常在引诱你，再加上“大吃一顿”几乎成了一种普遍的娱乐，这当然成为造成肥胖的主要原因。

3. 心理因素

为了解除心情上的烦恼，缓解情绪上的不稳定、学业上的压力等，不少人通过用“吃”来发泄。这都是引起饮食过量而导致肥胖的原因。

4. 运动相关因素

运动有助于消耗脂肪。一方面，在日常生活中，随着交通工具的发达、工作的机械化、家务量的减轻等，使得人体消耗热量的机会大幅度减少，另一方面摄入的能量并未减少，从而形成肥胖，导致日常的活动越趋缓慢、慵懒，再一次减低热量的消耗，导致恶性循环，助长肥胖的发生。

四、肥胖的治疗

对于肥胖的治疗有很多方法，但是没有公认有效的治疗方法，主要是自身生活习惯的改变，对于严重病理性肥胖的人，可以治疗原发疾病，通过药物干预、手术、针灸、营养科饮食调整等方法达到减重的目的。无论什么方法，都要遵循科学的原则，不能盲目地减肥，危害身体健康。

五、肥胖的预防

预防肥胖，改善饮食结构，增加运动量是重点。合理营养的关键在于“适度”，主要通过平衡膳食来实现。平衡膳食是指膳食中所含营养素，种类齐全、数量充足、比例适当。具体要求如下：

1. 食物多样、谷物为主。

平衡膳食必须由多种食物组成，提倡广泛食用多种食物，不偏食，不挑食。

2. 控制食物总量，不能多吃水果和薯类。

控制食物总量的同时，还要少吃含丰富水果和薯类。这些食物吃多了同样发胖，主要是糖分和淀粉类摄入过多。

3. 常吃豆类及其制品。

豆类及豆制品含有丰富的蛋白质和维生素，含钙量较高，利用率高。

4. 经常吃适量的鱼、禽、蛋、瘦肉，少吃肥肉和荤油。

5. 保持合理运动、规律生活。

保证每天的运动量，适当增加运动的时间，比如游泳、跑步、快走、打羽毛球等运动。改掉生活中的坏习惯，不暴饮暴食，不吃零食。

第三节　近视

一、近视的定义

近视是眼在调节松弛状态下，平行光线经眼的屈光系统的折射后焦点落在视网膜之前。古代医籍对本病早有认识，称为“目不能远视”，又名“能近怯远症”，至《目经大成》始称“近视”。近视程度较高者又称“近觑”。

二、近视的病因病机

（一）中医学病因病机

中医学认为，青少年近视的病机，常与心、肝、脾、肾功能失调和经络气血阻滞有关。青少年在学习的过程中用眼过度，久视伤血，血伤损气，目中神光不能发越于远处：或禀赋缺乏，先天遗传所造成；或心阳衰弱，神光不得发越于远处；或肝肾两虚，精血不足，只能近视。而《灵枢·决气》先说明“目者，心之使也，心者，神之舍也”，接着又指出“气脱者，目不明”。《诸病源候论·目病诸候》则注明“夫目能远视者，由于目自为肝之外候，劳伤肝腑，肝气不足，蔽受风邪，使精华之气衰弱，故不能远视”。《审视瑶函》内障篇也提出了“肝经不足肾经炳，光华尺视模糊”的说法。以上这些都指出了近视的发生、发展与心、肝的关系密切。

（二）西医学病因病机

西医学把近视的病因归结为晶状体的调节作用异常，光线落在视网膜前，造成成像困难。

三、近视的治疗

近视的治疗建议患者应去专业医院就诊，在医生指导下进行。

西医治疗：大多数青春期近视可以通过佩戴合适的凹球面镜矫正，也可以通过角膜塑形镜等现代手段控制近视进展。高度近视伴有眼底病变者辅以药物治疗，必要时行后巩膜加固术；也可配合滴眼药水（比如 0.25% 托品酰胺眼药水点眼，每晚临睡前点眼 1 次）；或成年后行屈光手术。

中医治疗：中医对近视的治疗除了口服中药外，还有下列特色疗法。

（1）针灸治疗：按局部取穴（即眼部穴位）为主、全身取穴为辅的取穴原则，常用穴位有承泣、睛明、四白、头维、球后、光明、太冲、照海、丝竹空、肩中俞等，每天针刺 1 次，7~10 次为 1 个疗程。

（2）耳针治疗：常取穴神门、肝、脾、肾、眼、目 1、目 2，或在耳区寻找痛点，或用王不留行籽等压穴，每天自行按摩 3~4 次。

（3）梅花针：用梅花针轻轻打刺太阳穴；或打刺背部脊柱两侧（华佗夹脊穴），

每日 1 次，7~10 次为 1 个疗程。

（4）推拿法：主穴取攒竹下 3 分，配穴取攒竹、鱼腰、丝竹空、四白、睛明，可自我推拿或相互推拿，即以食指指端按住穴位，先主穴，后配穴，对准穴位做小圆圈按摩，共 10 分钟。通常 1 个月为 1 个疗程。

四、近视的预防

近视的预防主要在学习、生活习惯的改变上，要做到以下几点：

1. 养成良好的用眼习惯，阅读和书写时保持端正的姿势，眼与书本应保持 30 cm 左右的距离，不在走路、乘车或卧床情况下看书。在学习、用眼的过程中穿插休息，按摩眼部穴位，或者眺望远处。

2. 学习和工作环境照明要适度，应无眩光或闪烁，不反光，不在阳光照射或暗光下阅读或书写。

3. 要定期检查视力，确诊近视者应佩戴合适的眼镜，以保持良好的视力及正常调节。

4. 控制玩手机、看电视、用电脑等使用电子产品的时间。

5. 饮食均衡，保证营养。

6. 加强体育锻炼，增加户外活动，增强体质。

温馨小贴士

激光近视手术条件

现在很多人认为近视没有什么关系，等到了成年就可以直接手术解决问题，这些想法是不对的。激光近视手术，需要专业眼科进行个人评估。手术条件从以下几个方面考虑。

1. 有明确的摘镜需求。

2. 年龄在 18~50 岁。

3. 手术前两年近视较稳定，每年增长不超过 50 度。

4. 矫正屈光的范围：近视在 1200 度以内、散光 600 度以内、远视 600 度以内，如果近视度数太高，也可以考虑眼内晶体植入术。

5. 角膜厚度在 450 μm 以上。

6. 无眼病疾病：角膜炎、虹膜睫状体炎等。

7. 没有严重的全身疾病，例如糖尿病、免疫性疾病等。

第四节　沙眼

一、沙眼的定义

沙眼是由沙眼衣原体引起的一种慢性传染性结膜角膜炎，因其在睑结膜表面形成粗糙不平的外观，形似沙粒，故名“沙眼”，多发生于儿童或少年期。中医学又名“椒疮”。

二、沙眼的病因病机

（一）中医学病因病机

中医学认为，沙眼是由于脾胃积热，复感风热邪毒，内热与外邪相结，壅阻于睑里，脉络受阻，气血失和而发。其主要分为以下3型。

1. 风热客睑型

主要表现为眼痒涩不适，羞明流泪，睑内微红，有少量红赤颗粒。

2. 脾胃湿热型

主要表现为眼涩痒痛，眵泪胶黏，睑内红赤，颗粒较多，病情缠绵不愈。舌红苔黄，脉濡数。

3. 血热壅滞型

主要表现为胞睑厚硬，睑内颗粒累累，疙瘩不平，红赤显著，眼睑重坠难开，眼内刺痛灼热，沙涩羞明，生眵流泪，黑睛赤膜下垂，舌红苔黄，脉数。

（二）西医学病因病机

西医学认为，沙眼的产生是由于沙眼衣原体侵犯睑结膜，可有充血及血管模糊、乳头肥大、滤泡增生、角膜血管翳，最后以瘢痕形成而告终。按照发病病程的长短，可分为急性和慢性。

1. 急性沙眼

急性沙眼呈现急性滤泡结膜炎症状，眼睑红肿，结膜高度充血，因乳头增生睑结膜粗糙不平，上下穹窿部结膜满面滤泡，合并有弥漫性角膜上皮炎及耳前淋巴结肿大，数周后可转为慢性期。

2. 慢性沙眼

慢性沙眼可因反复感染，病程迁延数年至十多年，充血程度减轻，有乳头增生及滤泡形成，滤泡大小不等，可显胶样，病变以上穹窿及睑板上缘结膜显著，同样病变亦见于下睑结膜及下穹隆结膜，严重者甚至可侵及半月皱襞。

三、沙眼的治疗

对沙眼的治疗，当内外兼施。在专业眼科医生指导下用药及治疗。轻者可局部点眼药治疗，重者则配合内治，必要时可配合手术治疗。对其并发症与后遗症，轻者可在治疗本病时兼顾之，重者则须酌情另行处理。

（一）中医治疗

沙眼的治疗分为内治、外治两种。

1. 内治

主要为中药口服。

2. 外治

中医学主要采取如下外治法：

（1）局部点犀黄散等眼药。

（2）若颗粒累累者，可用黄连制灯心草或海螵蛸棒摩擦。

具体步骤：将海螵蛸磨制成棒状，用黄连水煮沸消毒，取出待干备用（若用灯心草，先剪成小段，制法同上，术时用小镊子夹持操作）。术眼先滴1%利多卡因液做表面麻醉，后用生理盐水冲洗结膜囊。术者以左手翻开上、下睑，充分暴露穹窿部。右手持制海螵蛸棒，以轻快手法上下左右来回多次摩擦睑内面颗粒密集处约1分钟，至见点状渗血为宜。摩擦后，用生理盐水冲洗，并涂抗生素眼膏。相隔5天1次。根据病情，可多次重复进行。注意：此方法应由专业中医师操作，非专业人士切不可自行操作。

（二）西医治疗

主要有药物和手术两种治法。

1. 药物治疗

沙眼衣原体对四环素族、大环内酯类及氟喹诺类抗菌药物敏感。局部可滴用0.1% 利福平或 15% 磺胺醋酰钠滴眼液，晚上用四环素软膏或红霉素软膏。急性期或严重的沙眼应全身应用抗生素治疗，可口服多西环素或红霉素。

2. 手术治疗

手术治疗用于眼部并发症，如严重的内翻倒睫、性病性淋巴肉芽肿引起的化脓性淋巴结炎、象皮肿等。

四、沙眼的预防

沙眼衣原体常附在患者眼的分泌物中，任何与此分泌物接触的情况均可造成沙眼传播感染的机会。要培养良好卫生习惯。

1. 使用过的生活用具，如毛巾、脸盆、枕头、被套等要经常煮沸消毒或阳光下晾晒。点过眼药后，宜用酒精棉球擦手。

2. 家中毛巾、脸盆做到专人专用，一旦家中发现有人得沙眼，鉴于沙眼的传染性，建议全家及时到医院眼科进行沙眼筛查，尽早就诊。

3. 养成良好的卫生习惯，勤洗手，勤剪指甲；不用手或不洁物品擦、揉眼部；最好用流水洗手、洗脸。

第五节　贫血

一、贫血的定义

贫血是指人体外周血红细胞容量减少，低于正常范围下限的一种常见的临床症状。临床上常以血红蛋白（Hb）浓度来代替。我国成年男性 Hb ＜ 120 g/L，成年女性（非妊娠）Hb ＜ 110 g/L，孕妇 Hb ＜ 100 g/L 就可诊断为贫血。

二、贫血的病因病机

（一）中医学病因病机

中医将贫血归为虚劳-血虚证，致病原因大多与先天禀赋不足与后天劳倦过度有关，青春期人群，由于学习压力大，过度用脑，不规律的饮食等因素，容易造成贫血。

（二）西医学病因病机

西医学按发病原因，将贫血分为造血不良性、失血性和溶血性三大类。造成贫血的病因主要有：饮食中缺乏铁（红色的肉类、菠菜和绿叶蔬菜中含有铁）；过分节食；生理期失血过多；过量摄入酒精等。

三、贫血的表现

贫血症状的轻重与贫血发生的程度及进展速度有关。

轻度贫血：可见皮肤黏膜苍白，手脚发凉，时常感到头昏，注意力不集中，记忆力差。

程度较重的贫血：可出现嗜睡或昏迷，出现心慌、胸闷、气短症状。长期贫血状态可出现食欲减低、腹胀及腹泻，也可出现低热。

四、贫血的治疗

医生是诊断贫血的最佳人选，在医院进行血液检查是确诊贫血的主要标准。对于单纯性缺铁性贫血，补充叶酸和维生素 B_{12} 是有效的治疗方式，对于其他类型的贫血，则需要对症治疗。

铁来自植物（有机铁）或动物组织（血铁质）。相比有机铁，血铁质人体更易吸收，这也就是专家为何推荐红色肉类（指羊肉、牛肉等）预防贫血的原因。但在此之前，科学家一直对内脏如何吸收血铁质的过程不了解。通过研究具有贫血症的老鼠，伦敦国王学院的研究小组确认了一种名为 HCP1 的充当运输者的蛋白质，在十二指肠（肠的开始部分）内十分活跃，而且还会在肠细胞内不断转移位置，对人体内铁储存量的变化做出适当反应，使得细胞能吸收人体所需的血铁质。

五、贫血的预防

贫血的预防主要从两个方面着手，一方面，饮食营养要合理，食物必须多样化，食谱要广，不应偏食，否则会因某种营养素的缺乏而引起贫血。食物要富有营养及易于消化。饮食应有规律、有节制，严禁暴饮暴食。

青少年贫血患者可以多吃以下含铁丰富的食物。

乌骨鸡肉：味甘，性平。具有补血养阴、退热除烦之功效。

桑椹：味甘，性寒。具有补肝益肾、滋阴养血之功效。

龙眼：味甘，性平。具有补益心脾、养血安神之功效。

黑芝麻：味甘，性平。具有滋补肝肾、养血生津的功效。

黑木耳：味甘，性平。具有益气润肺、补脑强志、养血和营之功效。

红糖：味甘，性温。具有养血活血、补中暖胃之功效。

鸡蛋：其中鸡蛋黄味甘，性平。具有滋阴养血、润燥息风之功效。

动物肝脏：一般指猪肝、羊肝、牛肝、鸡肝、鸭肝等。可改善人体造血系统功能，促进血红蛋白和红细胞的生成，为补血之佳品。

另一方面，要进行适当的体育活动，提高自身身体的抵抗力。

第六节　“少白头”

一、“少白头”的定义

“少白头”，是指青少年时头发过早变白，头发呈花白状。正常人从 35 岁开始，毛发色素细胞开始衰退。而有的人 20 来岁头发就白了，医学上称“少年白发”，俗称“少白头”。

二、“少白头”的病因病机

（一）中医学病因病机

中医学认为，“发为血之余”“肾之华在发”，青春期人群白发多因气血失调，发失所养，或禀赋素弱，肾气虚衰所致。青春期人群过早地出现白发，也与忧愁思虑，血热内蕴，发失所养有关。

（二）西医学病因病机

西医学称“少白头”为“早老性白发病”，其病因有二大类型，一种属先天性“少白头”，另一种属后天性“少白头”。引起青春期人群白头的原因很多：营养不良，如缺乏蛋白质、维生素以及某些微量元素（如铜）等；部分内分泌疾病，如脑垂体或甲状腺疾患，可影响色素细胞产生色素颗粒的能力而导致头发过早变白；皮肤变白的疾病（如白癜风），如发生在头皮上，头发也会变白；还有人认为，用脑越多，头发白得越早；有的青少年在短时间内，头发大量变白，则与过度焦虑、悲伤等严重精神创伤或精神过度疲劳有关。

三、“少白头”的治疗

“少白头”要及时去医院就诊，如果存在原发病，比如脑垂体、甲状腺疾病等，要及时在专业医生的指导下治疗原发病，解除病因。

另外就是日常生活中的自我保健：青春期人群要学会心理保健以及自我调节。也就是说，不仅要会学习，还要会娱乐，会调节自己的心情，注意劳逸结合，保持心情舒畅，避免精神压力过大。要调整饮食结构，不要偏食。要多吃豆类与蔬菜；动物的内脏（含铜较多），柿子、番茄、土豆以及菠菜等（含有一定量的铜、铁等微量元素），这些食物对于合成黑色素来说，都是不可或缺的原料，有条件的话尽量多吃一些。

要经常锻炼身体，运动能够促进全身的血液循环，从而增强毛发里制造黑色素的细胞活性。可以采用梳头法或是按摩法。具体方法是：用梳子梳头，或者用手掌或手指揉搓头皮，每天早晚各 1 次，每次 1~2 分钟，每分钟梳或是揉搓 30~40 次。

四、“少白头”的预防

药补不如食补，合理健康的饮食习惯也能防治白发的出现，平时需要注重饮食的质量，多吃些富含蛋白质的物质，维生素和微量元素等；另外，还应该尽量避免辛辣刺激性食物，杜绝一些富含精制糖和面粉类的食物，这些不利于头发的生长。大多数青春期人群都喜欢喝饮料，喜欢吃糕点等，这样的饮食在很大程度上会削弱人体的力量，导致脱发，易于长皱纹，刺激皮肤，提早进入衰老期。因此，在平时饮食中，要适当补充富含维生素 B 的食物，包括蛋类、鱼类、豆类和乳制品等，促进人体代谢，有助于防治白发。

药疗、食疗和按摩对于青少年白发人群而言，都是切实可行、方便持久的治疗方法。其中，枸杞、黑芝麻、核桃等都是促黑发生成的良药，可以长期服用。对于病理性的白发，还是要到正规医院，及早发现，对症治疗。

第七节　龋齿

一、龋齿的定义

龋齿俗称“虫牙”“蛀牙”，是细菌性疾病，可以继发牙髓炎和根尖周炎，甚至能引起牙槽骨和颌骨炎症。如不及时治疗，病变继续发展，形成龋洞，最终牙冠完全破坏消失。

二、龋齿的病因病机

目前公认的龋病病因学说是四联因素学说，主要包括细菌、口腔环境、宿主（指寄生物，包括寄生虫、病毒等）和时间。其基本点为致龋性食物糖（特别是蔗糖和精制碳水化合物）紧紧贴附于牙面，由涎蛋白形成的获得性膜上，在这种由牙齿表面解剖结构和生化、生物物理特点形成的不仅得以牢固地附着于牙面，而且

可以在适宜温度下，有足够的时间在菌斑深层产酸，侵袭牙齿，使之脱矿，并进而破坏有机质，产生龋洞。

三、龋齿的表现

临床上可见龋齿有色、形、质的变化，而以质变为主，色、形变化是质变的结果，随着病程的发展，病变由牙釉质进入牙本质，组织不断被破坏、崩解而逐渐形成龋洞，临床上常根据龋坏程度分为浅、中、深龋三个阶段，各自表现如下：

1. 浅龋

浅龋亦称“釉质龋”，龋坏局限于釉质。初期于平滑面表现为脱矿所致的白垩色斑块，以后因着色而呈黄褐色，窝沟处则呈浸墨状弥散，一般无明显龋洞，仅探诊时有粗糙感，后期可出现局限于釉质的浅洞，无自觉症状，探诊也无反应。

2. 中龋

龋坏已达牙本质浅层，临床检查有明显龋洞，可有探痛，对外界刺激（如冷、热、甜、酸和食物嵌入等）可出现疼痛反应，当刺激源去除后疼痛立即消失，无自发性疼痛。

3. 深龋

龋坏已达牙本质深层，一般表现为大而深的龋洞，或入口小而深层有较为广泛的破坏，对外界刺激反应较中龋为重，但刺激源去除后，仍可立即止痛，无自发性疼痛。

龋坏在 X 线片上呈黑色透射区，对难以确诊者（如邻面龋），可借助 X 线片协助诊断。

四、龋齿的治疗

龋病的治疗，目前主要是依赖口腔科医生的指导。其治疗的目的在于终止病变过程，阻止其继续发展并恢复牙齿的固有形态和功能。由于牙齿结构特殊，虽有再矿化能力，但对实质性缺损无自身修复能力。除少数情况可用药物外，均需根据牙齿缺损的范围、体积采用充填术、嵌体或人造冠修复治疗，以恢复形态和功能。

1. 药物治疗

药物治疗是在磨除龋坏的基础上，应用药物抑制龋病发展的方法，适用于恒牙尚未成洞的浅龋，乳前牙的浅、中龋洞。常用药物包括氨硝酸银和氟化钠等。

2. 银汞合金充填术

对已形成实质性缺损的牙齿，银汞合金充填术是目前应用最广泛且成效较好的方法。

3. 复合树脂充填术

复合树脂充填术适用于充填前牙和不承受咀嚼力量的后牙洞。

4. 酸蚀法光敏复合树脂充填术

5. 嵌体

用金属或其他材料制成与牙齿窝洞适合的修复体，镶嵌在洞内，称为嵌体。

五、龋齿的预防

龋齿的预防主要从生活习惯入手：

1. 养成早晚刷牙、饭后漱口的好习惯。
2. 少吃酸性刺激食物，临睡前不吃零食。
3. 少吃含糖分高的食物，如糖、巧克力、饼干等。
4. 不可吃太多过于坚硬的食物，以免牙齿磨损。
5. 经常参加体育锻炼，定期检查口腔，建议每年查一次。
6. 平时的饮食应多摄入富含钙、无机盐等营养食物，尽可能食用高纤维粗糙食物。

第八节　脊柱侧弯

一、脊柱侧弯的定义

脊柱侧弯又称“脊柱侧凸”，正常人的脊柱从后面看应该是一条直线，并且躯干两侧对称。如果从正面看有双肩不等高或从后面看有后背左右不平，就应怀疑脊柱侧弯。轻度的脊柱侧弯可以观察，严重者需要手术治疗。脊柱侧弯是青春期人群的常见疾病，关键是要早发现、早治疗。

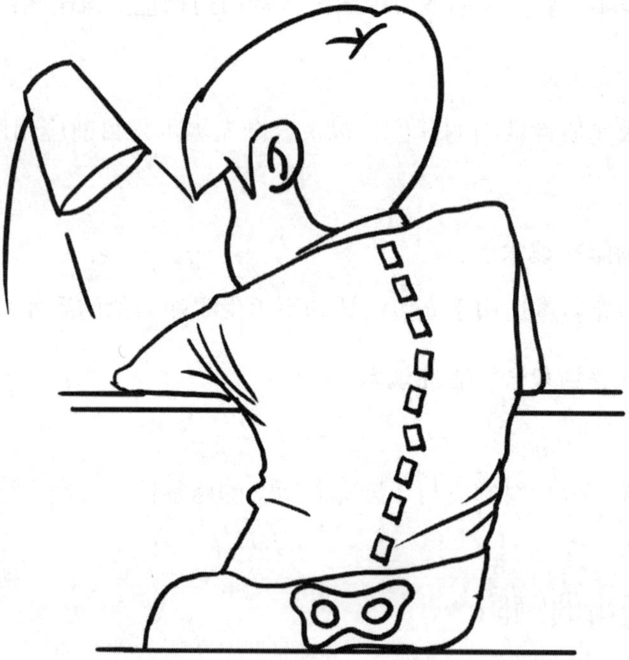

二、脊柱侧弯的病因病机

根据引起脊柱侧弯的原因，脊柱侧弯通常分为非结构性和结构性两种。

（一）非结构性脊柱侧弯

非结构性脊柱侧弯也叫“后天性脊柱侧弯”，原因包括青春期人群长时间的不良坐姿，患有腰椎间盘突出症或者长时间不愈的胸腰椎外伤患者，因躯干一侧或者某侧下肢疼痛而出现长时间的躯干偏向健侧，这种我们叫代偿性脊柱侧弯。此外，因为先天性髋关节发育不良，或者外伤导致的下肢骨缺损等原因引起的双下肢不等长，一侧髋关节炎症或者缺血性坏死等，因这些疾病引起的疼痛也可以使患者为了缓解疼痛，而采取前述姿势，最终出现代偿性脊柱侧弯。

（二）结构性脊柱侧弯

结构性脊柱侧弯指的是组成脊柱的某一部分，包括椎体、椎间盘、关节突、棘突及椎旁肌肉、黄韧带等引起的侧弯。常见的青少年型的脊柱侧弯多是由先天性半椎体畸形引起的，包括半椎体和楔形椎，幼年时期通常无明显体征，随着脊柱的发育、身高的增长，胸腰背部疼痛和剃刀背等症状体征逐渐出现。此时，需要完善相关影像学检查，行支具或者手术治疗，避免病情的进一步进展。此外，脊柱肿瘤、胸腰背部神经肌肉挛缩、脊柱结核或者感染等，病程较长者也都可以引起脊柱侧弯的表现。

三、脊柱侧弯的治疗

脊柱侧弯的治疗可分为两大类，即非手术治疗和手术治疗。

常见的非手术治疗方法包括理疗、体操疗法、石膏、支具等，但最主要和最可靠的方法是支具治疗。

一般 20° 以内的特发性脊柱侧弯，可先不予治疗，进行严密观察，如果每年加重超过 5°，则应进行支具治疗。首诊 30° ~40° 的青少年特发性脊柱侧弯，应立即进行支具治疗，因为这一组患者 60% 以上会发展加重。

青少年特发性脊柱侧弯在下列情况需要考虑手术治疗：①胸弯大于 40°、胸腰弯 / 腰弯大于 35° 者；②支具治疗不能控制，侧弯快速进展者；③腰背疼痛明显或者有神经压迫症状者。现代中医学的小针刀技术对于调整脊柱侧弯的疗效也得到了临床的肯定。

由于脊柱侧弯的病因复杂，类型繁多，是否需要手术绝非简单地依据患者年龄或侧弯度数，还应考虑到畸形的类型、特点、节段、进展速度、患者骨龄发育及畸形对患者体态的影响程度等因素。进展型的先天性脊柱侧弯应尽早手术已成共识，因其随年龄增长不仅畸形加重，且变得僵硬，难于矫治。但特发性脊柱侧弯如在儿童期过早行后路矫正融合，可能会影响其脊柱生长发育，远期很可能会出现畸形加重。另外，脊柱的平衡、手术对脊柱的生长和活动度的影响等因素也要考虑在内。因此，每个脊柱侧弯的患者都应该具体分析，采取个体化的治疗措施。

四、脊柱侧弯的预防

脊柱侧弯的预防主要有以下几点：

1. 尽量睡硬板床，避免软床。

2. 书包选择双肩包，避免单肩包，减少两侧受力不均。

3. “站如松，坐如钟，行如风，卧如弓”，日常站姿要像松树那样挺拔，坐姿要像座钟那样端正，行走要像风那样快而有力，卧姿要像弓一样弯曲。

4. 加强运动锻炼，比如游泳、跑步、打羽毛球等。另外平板支撑、鸟狗式、猫式、树式这 4 个动作也可以稳定并减少现有曲度、改善脊柱和肌肉的协调、减少脊柱弯曲，有利于脊柱侧弯的预防。

第九节　流行性感冒

一、流行性感冒的定义

流行性感冒（简称“流感”）是流感病毒引起的急性呼吸道感染，也是一种传染性强、传播速度快的疾病。其主要通过空气中的飞沫、人与人之间的接触或与被污染物品的接触传播。目前中西医学均无药物可以有效杀死流感及感冒病毒，唯有提升自身免疫力方可将病毒杀死或赶出身体。

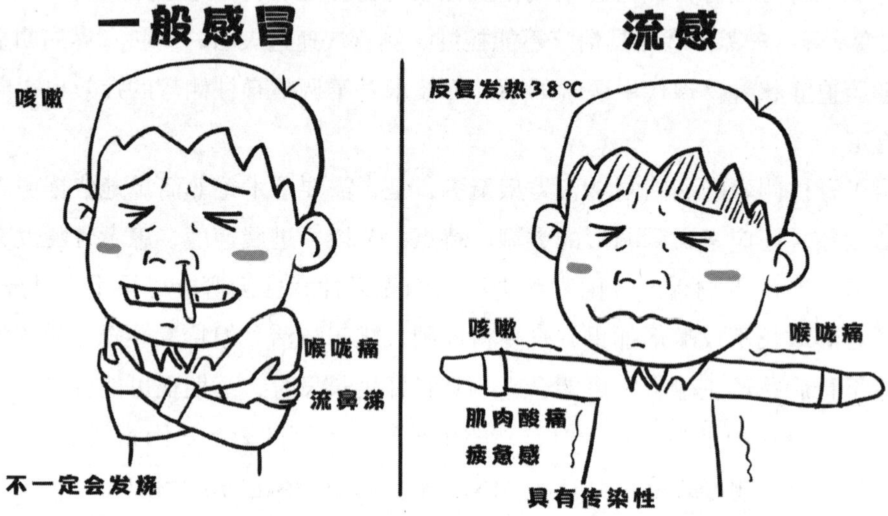

二、流行性感冒的病因病机

（一）中医学病因病机

中医学认为，流感主要是因为外感邪毒，自身正气不足，不能祛邪外出。

（二）西医学病因病机

西医学认为，流感主要是由于感染流感病毒所致。

三、流行性感冒的表现

流感的潜伏期一般为 1~7 天，多数为 2~4 天。

单纯型流感常突然起病，主要有以下症状。

发热：起病急骤，畏寒、发热，体温在数小时至 24 小时内升达高峰，39℃ ~40℃甚至更高。

头痛、全身酸痛：伴头痛，全身酸痛，乏力，食欲减退。

咽干喉痛：呼吸道症状较轻，咽干喉痛，干咳，可有腹泻。

颜面潮红：眼结膜外眦充血，咽部充血，软腭上有滤泡。

单纯性流感有自限性，多于发病 3~4 天后体温逐渐消退，全身症状好转，但咳嗽、体力恢复常需 1~2 周。

四、流行性感冒的治疗

流感的治疗要坚持预防隔离与药物治疗并重、对因治疗与对症治疗并重的原则。基本原则包括及早应用抗流感病毒药物，避免盲目或不恰当使用抗菌药物，加强支持治疗，预防和治疗并发症，以及合理应用对症治疗药物等。

1. 支持治疗和预防并发症

注意休息、多饮水、增加营养，给易于消化的饮食。主要补充维生素，进食后以温开水或温盐水漱口，保持口鼻清洁。维持水电解质平衡。密切观察、监测并预防治疗并发症。

2. 合理应用有关药物

流感是一种常见的病毒感染性疾病，在没有合并细菌感染迹象的情况下不得使用抗菌药物，否则易引起二重感染或耐药菌的产生。存在继发细菌感染时及时使用抗菌药物。处理流感患者发热时宜选用物理降温。

五、流行性感冒的预防

学校等环境是人群密集型场所，流感在人与人间传播能力很强，因此，积极防控更为重要。主要的预防措施有以下 8 点。

1. 加强个人卫生知识宣传教育。

2. 保持室内空气流通，流感高峰期避免去人群聚集场所。

3. 咳嗽、打喷嚏时应使用纸巾等遮住口鼻，避免飞沫传播。

4. 经常彻底洗手，可采用七步洗手法，饭前便后洗手，避免脏手接触口、眼、鼻。

5. 流行期间如出现流感样症状及时就医，并减少接触他人，尽量居家休息。

6. 流感患者应隔离 1 周或至呼吸道主要症状消失。患者用具及分泌物要彻底消毒，分开放置，避免交叉感染。

7. 加强户外体育锻炼，提高身体抗病能力。

8. 气候多变时，注意加减衣服。

第十节　腮腺炎

一、腮腺炎的定义

腮腺是涎液腺中最大的腺体，位于两侧面颊近耳垂处，腮腺炎的主要表现为以耳垂为中心的肿大，可以一侧或两侧。腮腺炎的病因为感染性、免疫性、阻塞性及原因未明性腮腺炎症肿大等。中医学病名为“痄腮”。

二、腮腺炎的病因病机

（一）中医学病因病机

中医学认为，腮腺炎是指因感受风温邪毒，壅阻少阳经脉引起的时行疾病。以发热、耳下腮部漫肿疼痛为临床主要特征。本病一年四季都可发生，冬春易于流行。主要可以分为以下 4 型。

1. 邪犯少阳证

轻微发热恶寒，一侧或两侧耳下腮部漫肿疼痛，咀嚼不便，或伴头痛，咽痛，纳少，舌红，苔薄白或淡黄，脉浮数。

2. 热毒壅盛证

高热不退，腮部肿胀疼痛，坚硬拒按，张口、咀嚼困难，烦躁不安，口渴引饮，或伴头痛、呕吐，咽部红肿，食欲不振，尿少黄赤，舌红苔黄，脉滑数。

3. 邪陷心肝证

高热不退，神昏，嗜睡，项强，反复抽风，腮部肿胀疼痛，坚硬拒按，头痛，呕吐，舌红，苔黄，脉洪数。

4. 毒窜睾腹证

病至后期，腮部肿胀渐消，一侧或两侧睾丸肿胀疼痛，或伴少腹疼痛，痛甚者拒按，舌红，苔黄，脉数。

（二）西医学病因病机

西医学研究认为，腮腺炎发病与以下因素有关。

1. 感染性

急性细菌性腮腺炎（化脓性腮腺炎）：是由细菌感染引起，主要为金黄色葡萄球菌，其次为链球菌。常见病因为腮腺分泌功能减退者（如机体抵抗力及口腔生物学免疫力降低者等）、腮腺导管口堵塞及腮腺淋巴结炎、邻近组织炎症波及。病毒性腮腺炎：感染源包括腮腺炎病毒、单纯疱疹病毒、柯萨奇病毒、甲型流感病毒等。腮腺炎病毒感染引起流行性腮腺炎最常见。

2. 免疫性

一些免疫性疾病，如干燥综合征、米库利奇病等可引起慢性自身免疫性腮腺炎。

3. 堵塞

主要腮腺管及分支堵塞继而引起细菌感染，多见涎腺结石、黏液栓及较少见的肿瘤，多见良性肿瘤。

4. 病因未明

慢性非特异性腮腺炎、复发性儿童腮腺炎、变性型涎腺肿大症等，极少由某些药物引起。

三、腮腺炎的表现

流行性腮腺炎属于急性呼吸道传染病，发病的时候一般比较急，没有什么征兆，潜伏期为14~24日，一般有发热、怕冷、头痛、咽痛、食欲不振、恶心、呕吐、全身疼痛等症状。

腮腺炎最早的症状是咀嚼和吞咽时疼痛，尤其是吞咽酸性液体如醋或柠檬汁时。随着腮腺炎的进展，患者体温常升至39.5℃ ~40℃。

流行性腮腺炎最具特征性的症状是腮腺部位的肿胀。肿胀部位一般以耳垂为中心，向前、后、下发展，经过几个小时到几天，肿痛逐渐加重，体温也迅速上升，可达到39℃以上，说话进食可导致疼痛加剧，严重的患者腮腺周围组织明显水肿，有时会导致容貌变形，甚至出现吞咽困难。

四、腮腺炎的治疗

腮腺炎的治疗一般因病情性质不同而不同。

（一）化脓性腮腺炎

1. 针对病因治疗，纠正水电解质及酸碱平衡。

2. 选用有效抗菌药物，经验性应用大剂量青霉素或第一、二代头孢菌素类等抗革兰阳性球菌的抗生素，并从腮腺导管口取脓液进行细菌培养及药敏实验，根据药敏实验的结果，来选择、调整适合的抗菌药物。

3. 其他保守治疗，炎症早期可用热敷、理疗、外敷等方法。碳酸氢钠溶液、复方氯己定含漱液等漱口剂有助于炎症的控制。

4. 内科保守治疗无效，发展至化脓时，需行外科切开引流。

（二）流行性腮腺炎

1. 隔离、卧床休息直至腮腺肿胀完全消退。注意口腔清洁，避免食用酸性食物，保证液体摄入量。

2. 对症治疗为主，抗生素无效。可试用利巴韦林。有报告用干扰素似有疗效。

3. 肾上腺皮质激素治疗尚无肯定效果，重症患者或并发脑膜炎、心肌炎等时可考虑短期使用。

4. 氦氖激光局部照射治疗流行性腮腺炎对止痛、消肿有一定效果。

5. 男性成人患者在本病早期应用已烯雌酚，以防止睾丸炎发生。

6. 中医治疗：内服以普济消毒饮方为主随症加减。局部可用紫金锭或青黛散调醋外涂，每日1次。

五、腮腺炎的预防

（一）管理传染源

流行性腮腺炎患者应当隔离至腮肿消退为止；在春季传染病流行季节，不要去人员聚集的地方，更不要去患者家串门；对接触过腮腺患者的人群要密切观察，口服板蓝根冲剂有一定的预防作用。

（二）切断传播途径

流行性腮腺炎发生的学校教室要注意通风，保持空气流通，放学后可用 0.2% 的过氧乙酸消毒。流行期间不宜举行大型集体活动。

（三）保护易感人群

易感人群应养成良好的个人卫生习惯，多参加锻炼，增强体质。

第十一节　流行性脑脊髓膜炎

一、流行性脑脊髓膜炎的定义

流行性脑脊髓膜炎简称“流脑”，是由脑膜炎双球菌引起的化脓性脑膜炎。致病菌由鼻咽部侵入血液循环，形成败血症，最后局限于脑膜及脊髓膜，形成化脓性脑脊髓膜病变。

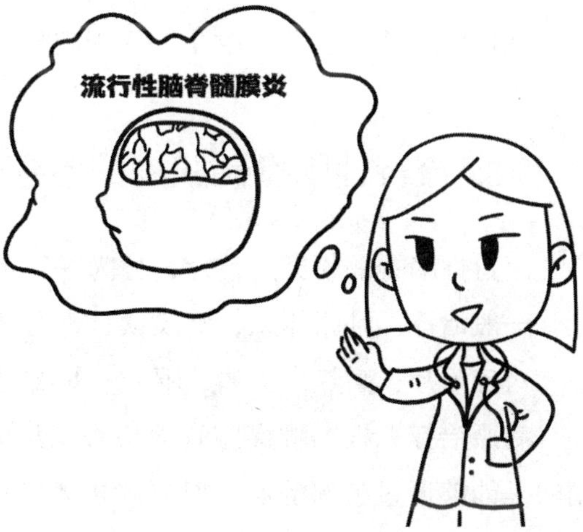

二、流行性脑脊髓膜炎的表现

流行性脑脊髓膜炎依据病情程度不同，表现也不同。

1. 轻型流行性脑脊髓膜炎

轻型流行性脑脊髓膜炎多见于流脑流行时，病变轻微，临床表现为低热、轻微头痛及咽痛等上呼吸道症状，皮肤可有少数细小出血点和脑膜刺激征。

2. 普通型流行性脑脊髓膜炎

普通型流行性脑脊髓膜炎最常见，占全部病例的 90% 以上。分为 4 期，其特点有以下几点。

（1）前驱期（上呼吸道感染期）：为 1~2 天，可有低热、咽痛、咳嗽等上呼吸道感染症状。多数患者无此期表现。

（2）败血症期：突发或前驱期后突然寒战、高热，伴头痛、肌肉酸痛、食欲减退及神经萎缩等败血症症状。幼儿则有哭闹不安、因皮肤感觉过敏而拒抱，以及惊厥等。少数患者有关节痛、脾肿大。此期的特征性表现是皮疹，通常为瘀点或瘀斑，70%~90% 的患者有皮肤或黏膜瘀点或瘀斑，直径 1 mm~2 cm，开始为鲜红色，后为紫红色，最早见于眼结膜和口腔黏膜，大小不一，多少不等，分布不均，以肩、肘、臀等易受压处多见，色泽鲜红，后变为紫红。严重者瘀斑迅速扩大，其中央因血栓形成而出现紫黑色坏死或形成大疱，如坏死累及皮下组织可留瘢痕。多数患者 12~24 小时发展致脑膜炎期。

（3）脑膜炎期：脑膜炎症状多与败血症期症状同时出现。在前驱期症状基础上出现剧烈头痛、频繁呕吐、狂躁以及脑膜刺激症状，血压可升高而脉搏减慢，重者谵妄、神志障碍及抽搐。通常在 2~5 天后进入恢复期。

（4）恢复期：经治疗后体温逐渐降至正常，皮肤瘀点、瘀斑消失。大瘀斑中央坏死部位形成溃疡，后结痂而愈，症状逐渐好转，神经系统检查正常。约 10% 的患者出现口唇疱疹。患者一般在 1~3 周内痊愈。

三、流行性脑脊髓膜炎的治疗

流行性脑脊髓膜炎的治疗，分为一般治疗、对症治疗、病原治疗。

一般治疗：卧床休息，流质饮食，必要时鼻饲或静脉补液。

对症治疗：高热、头痛、呕吐、烦躁或惊厥等，应分别给予对症处理。

病原治疗：根据腰穿脑脊液检查结果的细菌种类，选择不同的抗生素，并且选用的是能够通过脑部的血－脑屏障进入脑内的抗生素。常用的抗生素是青霉素和头孢类。

四、流行性脑脊髓膜炎的预防

流行性脑脊髓膜炎重在预防。

1. 早期发现，早确诊，早报告，就地隔离、治疗。

2. 流脑病菌对日光、干燥、寒冷、湿热及消毒剂耐受力很差，所以要注意个人和环境卫生，保持室内的清洁，勤洗勤晒衣服和被褥；保持室内空气流通、新鲜。

3. 流行期间做好卫生宣传，应尽量避免大型集会及集体活动，不到患者家串门，尽量不去公共场所如商店、影剧院、公园等游玩；如非去不可，应戴上口罩。

4. 在流行病高峰季节里，如果发现有发热、咽喉肿痛、头痛、呕吐、精神不好、皮肤出血点等症状应及时去医院诊治。

5. 注意保暖，预防感冒。感冒时患者抵抗力会降低，容易受到流脑病菌的袭击而发病。因此，要随天气变化，随时增减衣服。在剧烈运动或从事劳动后，应及时把汗水擦干，穿好衣服。夜间睡觉时要盖好被子。

6. 加强锻炼，提高身体免疫力。

7. 饭后盐水漱口，有利于预防流脑。

8. 接种流脑疫苗，是预防流脑的有效措施之一。

第十二节　水痘

一、水痘的定义

水痘是感染水痘－带状疱疹病毒（varicella-zoster virus，VZV）所致。人类是该病毒唯一宿主，患者为唯一传染源，与带状疱疹患者接触亦可发生水痘，因二者病因相同。中医学病名为“水痘”，也称“水花”“水疮”“水疱”。

二、水痘的表现及病因病机

水痘潜伏期为 12~21 日，平均 14 日。该病起病较急，在发病24小时内出现皮疹，皮疹先发于头皮、躯干受压部分，呈向心性分布。最开始为粉红色小斑疹，迅即变为米粒至豌豆大的圆形紧张水疱，周围明显红晕，有水疱的中央呈脐窝状。黏膜亦常受侵，见于口腔、咽部、眼结膜、外阴、肛门等处。在1~6日的出疹期内皮疹接连分批出现，皮损呈现由细小的红色斑丘疹→疱疹→结痂→脱痂的演变过程，脱痂后不留瘢痕。水疱期痛痒明显，若因挠抓继发感染时可留下轻度凹痕。体弱者可出现高热。

（一）中医学病因病机

中医学认为，水痘是因为外感时行邪毒，上犯于肺，下郁于脾而发病，其病在肺脾两经。时行邪毒由口鼻而入，蕴郁于肺，故见发热、流涕、咳嗽等肺卫症状。病邪郁于肺脾，肺主皮毛，脾主肌肉，时邪与内湿相搏，外透于肌表，则发为水痘。主要可以分为以下2型。

1. 邪伤肺卫型

发热轻微，或无发热，鼻塞流涕，伴有喷嚏及咳嗽，1~2日皮肤出疹，疹色红润，疱浆清亮，根盘红晕不明显，点粒稀疏，此起彼伏，以躯干为多，舌苔薄白，脉浮数。

2. 毒炽气营型

壮热不退，烦躁不安，口渴欲饮，面红目赤，水痘分布较密，根盘红晕显著，疹色紫暗，疱浆混浊，大便干结，小便黄赤。舌红或舌绛，苔黄糙而干，脉洪数。

（二）西医学病因病机

西医学研究认为，水痘的传播途径主要是经呼吸道飞沫或直接接触传染。病毒感染人体后，先在鼻咽部局部淋巴结增殖复制4~6天，而后侵入血液并向全身扩散，引起各器官病变。本病病变主要是在皮肤棘状细胞层，细胞肿胀变性形成囊状细胞，核内有嗜酸性包涵体，细胞裂解及组织液渗入后即形成疱疹。水疱液中含有大量的感染性病毒颗粒。水疱也常见于口咽部、呼吸道、胃肠道、眼结膜和阴道黏膜表面。

三、水痘的治疗

水痘患者应早期隔离，直到全部皮疹结痂为止，一般不少于病后两周。与水痘患者接触过的人，也应隔离观察。该病无特效治疗方法，主要是对症处理及预防皮肤继发感染，保持清洁，避免抓搔。加强护理，勤换衣服，勤剪指甲，防止抓破水疱继发感染。积极隔离患者，防止传染。局部治疗以止痒和防止感染为主，可局部外搽炉甘石洗剂，疱疹破溃或继发感染者可外用 1% 甲紫或抗生素软膏。继发感染全身症状严重时，可用抗生素。忌用类固醇皮质激素，以防止水痘泛发和加重。对免疫能力低下的播散性水痘患者、水痘性肺炎、脑炎等严重病例，应及早采用抗病毒药物治疗，阿昔洛韦是目前治疗水痘、带状疱疹的首选抗病毒药物，但须在发病后 24 小时内应用效果更佳。或加用 α－干扰素，以抑制病毒复制，防止病毒扩散，促进皮损愈合，加速病情恢复，降低病死率。

四、水痘的预防

1. 对水痘患者及时隔离治疗。

2. 注意消毒与清洁：勤换衣被，保持皮肤清洁，定期对衣物床单采取洗、晒等消毒，且不与其他人共用。

3. 定时开窗：空气流通也有杀灭空气中病毒的作用，房间尽可能让阳光照射，打开玻璃窗。

4. 注意身体变化：如发现患者有持续高热不退、咳喘，或呕吐、头痛、烦躁不安或嗜睡、惊厥等症状，应及时送医院就医。

5. 注意日常饮食：饮食宜清淡宜消化，多饮开水，可用萝卜、荸荠、绿豆等煎水代茶。保持良好的饮食习惯，保持身体健康，提高自身免疫力。

6. 平时到医院接种水痘疫苗。当然，在接触水痘患者 3~5 天的应急接种也可以有效预防或减轻疾病的严重程度。

第十三节 蛔虫病

一、蛔虫病的定义

蛔虫是人体肠道内最大的寄生线虫，成体略带粉红色或微黄色，体表有横纹。我国古代对蛔虫病早有认识，将蛔虫称为蛟蛔、蚘、长虫。如《灵枢・厥病》篇说：“肠中有虫瘕及蛟蛔……心肠痛，侬作痛，肿聚往来上下行，痛有休止，腹热喜渴，涎出者，是蛟蛔也。”蛔虫是人体最常见的寄生虫，感染率可达 70% 以上。

二、蛔虫病的病因病机

蛔虫病是由于误食沾有蛔虫卵的生冷蔬菜、瓜果或其他不洁之物而引起的。蛔虫寄生在小肠内，扰乱脾胃气机，吸食水谷精微。由于蛔虫具有喜温，恶寒怕热，性动好窜，善于钻孔的特性，故当人体脾胃功能失调，或有全身发热性疾患时，蛔虫即易在腹中乱窜而引起多种病症。若蛔虫钻入胆道、阑尾，或蛔虫数量较多，在肠中缠结成团，则出现多种病变及症状。

三、蛔虫病的表现

（一）全身表现

当体内出现蛔虫的时候，人体就会作出反应，因为蛔虫是一种外来因素，所以很可能会对身体产生刺激，从而引起一系列的不良反应。比如，很可能会出现头晕乏力和咳嗽，以及类似哮喘的病症发生，甚至还可能出现腹痛。这个时候也非常容易出现食欲不振的状况，因为体内的蛔虫在不断繁殖，所以会吸取大量的营养，导致没有精神，体力也不断下降。

（二）体重下降

如果在短时间之内体重迅速下降，那么身体内就很可能有了疾病。大家都知道，蛔虫是一种人体的寄生虫，它存在于体内会吸取人体的营养物质，导致体重在短时间之内发生严重的下降。而这个时候免疫力也会降低很多，更容易染上流行性疾病。所以，如果在一段时间内身体非常虚弱，或者是出现容易生病的现象，也一定要注意，很可能是体内有了蛔虫。

（三）拉出或者吐出蛔虫

这种寄生虫一般都会在人体的肠道内生存，不过如果状况比较严重或者症状发生得比较紧急，也可能会全身蔓延，以至于寄生到胃部以及大肠，这个时候患者就会出现拉出蛔虫或者是吐出蛔虫的状况。

如果发现体内有条状物或类似虫子东西的排出，建议将排出物用塑料袋装起来，然后携带至医院就诊。

四、蛔虫病的治疗

建议蛔虫病患者在专业医生指导下进行药物治疗，必要时进行手术治疗。

1. 常用的驱虫药有甲苯咪唑、阿苯达唑、枸橼酸哌嗪、左旋咪唑等。

2. 胆道蛔虫病可采用解痉止痛药、驱虫药与抗生素治疗，若无效，则应行外科手术治疗或采用纤维内镜将蛔虫取出。

3. 蛔虫性肠梗阻内科治疗无效且怀疑有肠穿孔、肠坏死或肠扭转时应及时采用手术治疗。

五、蛔虫病的预防

蛔虫卵是通过粪便排出体外，又通过手和食物感染人体，因此，只要把住“病从口入”和粪便管理这两道关，蛔虫病是可以预防的。

1. 要在饭前、便后把手洗干净。

2. 常剪指甲，避免虫卵藏在指甲缝内。

3. 生吃瓜果蔬菜要洗净、去皮，或用开水烫，防止沾染在蔬菜和水果上的蛔虫卵进入消化道。

4. 不要养成吸吮手指的坏习惯。

5. 要保持居住环境的清洁，减少苍蝇、蟑螂的滋生，因为这些动物常常把粪便和被粪便污染的地方的蛔虫卵、细菌和病毒等带到食物上去，从而传播消化道疾病。

6. 不要喝生水。

7. 勤晒被褥，保持个人卫生。

第三章
青春期安全

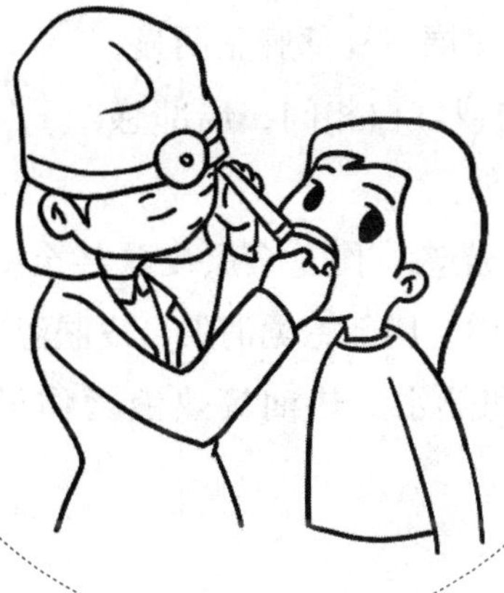

本章主要介绍青春期常见意外伤害的紧急处理，在处理完后，如果还有不适感或者病情本身比较重，建议及时去医院就诊，接受专业医生的诊治。

第一节　烧烫伤

一、烧烫伤分类

烧伤程度分为Ⅲ度：

Ⅰ度烧伤：红斑性烧伤，主要损伤角质层，局部红肿，无水疱，局部感觉疼痛，皮肤温度稍增高。

Ⅱ度烧伤：分为浅Ⅱ度和深Ⅱ度，浅Ⅱ度烧伤可达真皮浅层，红肿明显，水疱较大，渗出多，创面湿润发红，局部剧痛，皮肤温度增高。深Ⅱ度伤及真皮层，局部肿胀明显，水疱较小，创面稍苍白或红白相间，局部感觉稍迟钝，皮肤温度稍低。

Ⅲ度烧伤：焦痂性烧伤，伤及全层皮肤甚至皮下脂肪、肌肉、骨骼。无水疱、创面蜡白、焦黄、皮革样，局部感觉消失，皮肤温度较低。

生活中以火烧伤和热水、热油等热液烫伤最为多见，多为Ⅰ度、浅Ⅱ度烧烫伤。

二、烧烫伤的紧急处理

1. 立即脱离热源。

2. 对创面降温。立即用干净的冷水或冰水冲洗，浸泡或冷敷烫伤部位30分钟左右，一直到感受不到疼痛和灼热为止。（不要用冰敷，避免失去表皮保护的皮肤被冻伤）

3. 对于Ⅰ度、浅Ⅱ度烧烫伤，可在创面冲洗后，用干净的毛巾擦干，然后抹上烧伤膏，面积较大时，可以用保鲜膜覆盖，但是不要对创面抹牙膏、酱油等，避免感染。对于深Ⅱ度、Ⅲ度烫伤，在对创面降温后，用干净的辅料包裹，比如毛巾等物体，以保护创面，然后立即送往医院就诊。

4. 对于Ⅱ度烧伤，如果有水疱，尽量不要把水疱弄破，如果已经破了，不要剪除水疱表皮。

5. 当烫伤部位有贴身的衣物时，在创面降温完毕后，要用剪刀小心除去。

6. 烧烫伤后出现口渴，可以适量饮用淡盐水。

第二节　冻伤

一、冻伤的定义

冻伤是在一定条件下由于寒冷作用于人体，引起局部乃至全身的损伤。一般将冻伤分为冻疮、局部冻伤和冻僵三种。

二、冻伤的分级

冻伤可分为三度：

一度冻伤： 又称红斑性冻伤，冻伤最轻，就是我们平常所说的“冻疮”，损伤在表皮层。受冻皮肤发红，肿胀，自觉热、痒、烧灼痛，症状可以在几天后消失，一般能在短期内（约 1 周）痊愈。基本除有表皮脱落外，一般不留瘢痕。

二度冻伤： 又称水疱性冻伤，伤及真皮浅层，除了局部红肿外，还伴有水疱，疱底多为鲜红色，其内液体多为黄色、透明，也可为血性液体，受冻皮肤感觉迟钝，深部可出现水肿；如无并发感染，4~5 天后水肿减轻，水疱逐渐干燥，形成痂皮，2~3 周后开始脱痂痊愈。

三度冻伤： 又称坏死性冻伤，伤及皮肤全层，甚至皮下组织、肌肉、骨头。解冻复温后皮肤逐渐变为褐色、黑色，出现明显坏死，有时候皮肤也会变白，然后坏死，其疼痛感觉丧失。如无继发感染，局部冻伤皮肤会变干、缩小，呈干性坏死；继发感染，局部坏死组织会产生恶臭分泌物，呈湿性坏死。伤后不易愈合，从坏死组织的完全脱落，健康肉芽的出现和上皮形成，往往需要 2~3 个月以上的时间。治疗后遗留瘢痕，可能遗留功能障碍或者致残。

三、冻伤的紧急处理

1. 迅速脱离寒冷的环境，进入温暖的环境。

2. 尽快复温：脱掉冻伤者寒冷潮湿的衣裤袜，使其局部或全身浸泡在 38℃ ~40℃的温水中，浸泡期间要不断加水，以使水温保持恒定，待身体复温后停止浸泡。

3. 局部用水或者肥皂水清洁后用冻伤膏涂抹。二度以上冻伤，需用敷料包扎好。皮肤较大面积冻伤或坏死时，需要注射破伤风抗毒素或类毒素。

4. 在野外无温水的条件下，也可把伤者的冻伤部位放在未冻伤人的腋下或腹股沟等地方复温。但是严禁火烤、雪搓、冷水浸泡或猛力捶打伤者冻伤的地方。

5. 对局部冻伤的急救要领是需要缓慢地用和体温差不多的温水，浸泡冻伤的部位。如果是四肢冻伤，可以把伤肢浸入 38℃ ~40℃温水中（水温保持恒定），一直到皮肤发红、肢体转为温热后，用温暖的衣物轻裹伤处。若无温水或不能用温水，可先用温暖的毛毯、棉被或衣物轻裹伤处。如果全身冻伤，需要全身保暖，可以用布或衣物裹热水袋、水壶等，放在腋下或腹股沟处升温，还可把被子盖上。或者整个浸泡在 34℃ ~35℃的温水中 5~10 分钟，然后将水温逐步提高到 40℃左右，一直到冻伤者出现规律的呼吸后停止加温，再泡 10 分钟左右，将其转入温暖的棉被内。冻伤者意识恢复后可饮用热饮料或少量酒。冻伤患者猝死时立即进行心肺复苏，然后送去医院治疗。

第三节　踝部扭伤

女生穿高跟鞋或者男生打篮球等，都是踝部扭伤的高发因素。在出现踝部扭伤时，可以按以下步骤进行紧急处理。

1. 大概查看伤势

一般轻度扭伤会引起脚踝部的软组织损伤，自己仍可以独立行走，此时可以自行处理，但是重度扭伤时，脚踝局部会出现红肿、疼痛剧烈、无法行走等症状，建议及时去医院就诊，进行相关检查及治疗。

2. 自行处理

首先脱掉鞋袜，将脚放置到比心脏高的位置，进行脚踝局部的冰敷，每隔 6 小时左右冰敷 1 次，此时不用外用药物进行揉擦，也不去随意摆弄脚踝部的位置，要多休息，少行走，注意抬高患肢，在 48 小时之后行受伤局部热敷或热水泡脚，并局部外用药物揉擦至发热（如红花油等），可视情况配合局部药膏外敷。

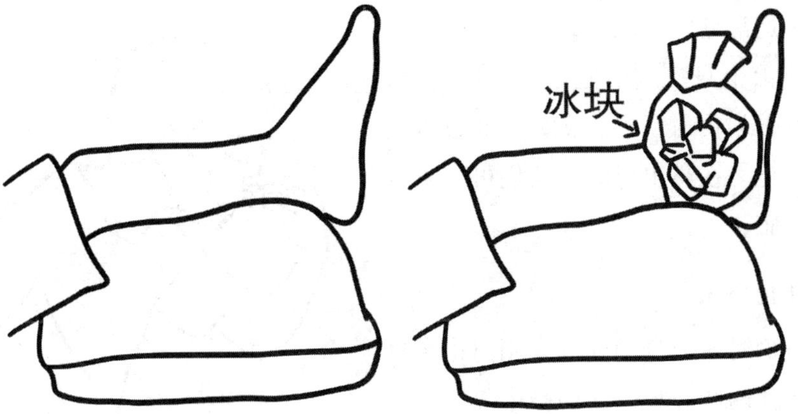

第四节　手部划伤

手部划伤根据不同情况可以分别进行以下处理。

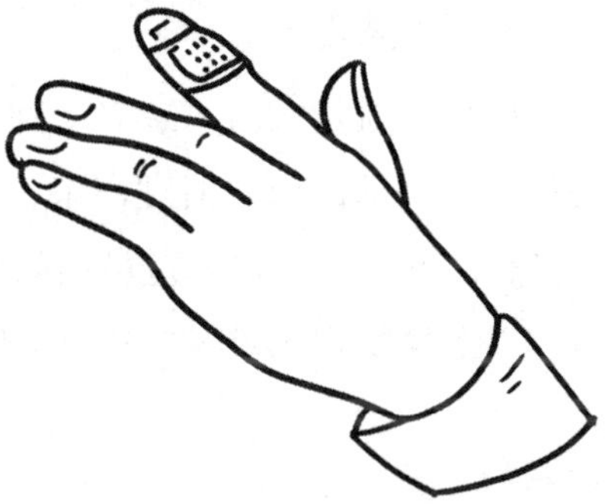

1. 伤口比较小、不深，出血不多，伤口干净，可以直接用 75% 乙醇或者碘伏消毒伤口周围，局部干燥后用消毒纱布覆盖包扎，或用创可贴粘贴。

2. 伤口比较小、不深，出血不多，伤口不干净，先用碘伏沿周围皮肤消毒一遍，再用 75% 乙醇消毒第二遍，再用加少量食盐的冷开水冲洗伤口，冲洗时用棉签轻轻擦拭伤口，去除伤口异物，最后再用碘伏对伤口周围的皮肤消毒一遍，局部干燥后用消毒纱布覆盖包扎，或用创可贴粘贴。

3. 如果伤口比较整齐，也比较干净，范围不大，在及时消毒处理后，用消毒纱布或者创可贴覆盖创面，但是要注意在创面比较大，比较深，或是造成伤口的是不干净的物体（比如生锈铁）的情况下，要及时要医院进行进一步消毒，对污染局部进行必要的清创，然后注射破伤风抗毒素，必要时遵医嘱用药。

第五节　鼻出血

鼻出血是常见急症之一，多由鼻腔病变引起，也可由全身疾病引起。多数可自止，长期出血可引起贫血，也有少数出血过多引起失血性休克。在鼻出血时，我们可以采取以下方法止血。

1. 指压止血法

出血量少时，上身稍前倾，用拇指和食指紧紧地压住两侧鼻翼，压向鼻中隔，然后用嘴巴呼吸。

2. 冷敷止血法

用冷水冲洗鼻腔，或把浸湿的毛巾、冰块（用毛巾包住）敷于前额和后颈，以此促进血管收缩，帮助止血。

3. 压迫堵塞法

如果出血量大时，或者上述方法无法止血，可采取压迫填塞的止血方法。首先将集聚在鼻部的血块清理出来，然后用干净的棉球或者一小块布条卷起来塞进出血的鼻孔。此时要确保塞进鼻内的棉球或布条可以取出来，所以不建议使用纸巾。

以上反复均无效时，建议去医院耳鼻喉科就诊，及时止血。

第六节　肌肉痉挛

肌肉痉挛，就是我们俗称的“抽筋症”，医学上是指肌肉自发的强直性收缩。我们可以按照发生部位来进行不同的紧急处理。

1. 小腿抽筋

用对侧的手握住抽筋侧的脚趾，然后用力向头的方向牵拉，同时同侧的手掌压在抽筋小腿的膝盖上，帮助小腿伸直。在剧烈运动后，如果感觉小腿疼痛，可能要抽筋时，可以立刻握住大脚趾，然后慢慢地伸直腿部，在疼痛消失后进行腿部按摩。注意此时腿一定要伸直，不然效果欠佳。

2. 手指、手臂抽筋

手指抽筋时将手握成拳头，然后用力张开，再迅速握拳，如此反复进行，并用手向手背侧摆动手掌。手臂抽筋时，将手握成拳头并尽量屈肘，然后用力伸开，如此反复进行。这种肌肉痉挛在游泳时多见。

3. 大腿抽筋

弯曲抽筋的大腿，并尽可能地贴近身体，对抽筋的大腿做快速按摩和揉搓动作，随即将腿向前伸直，如此反复进行。

第七节　中暑

中暑是在高温或在强热辐射的环境下，从事一定时间的劳动或体育活动，在没有足够的防暑降温措施下，可能发生中暑。睡眠不足、疲劳、饥饿、穿着不透风的衣裤等因素，都是引起中暑的诱因。

中暑后的紧急处理有如下步骤。

1. 转移患者

迅速将患者转移至阴凉、通风的地方，用纸扇或电扇扇风，同时垫高头部，摆平体位，解开衣领裤带，当衣服汗湿时，尽量除去衣服或更换衣服，以利于呼吸和散热。

2. 物理降温

用自来水、温水淋湿的毛巾不断擦拭全身，同时配合纸扇或电扇扇风，同时用冷水淋湿的毛巾、冰块或冰袋放在患者的颈部、腋窝或者大腿根部腹股沟处等大血管部位，帮助患者散热，当体温降至38℃以下时，停止一切冷敷或冰敷等强制降温措施。

3. 使用药物

在颈部、颞部（太阳穴）擦拭清凉的风油精、清凉油等提神醒脑药，或服用人丹、十滴水等解暑药。太阳穴是经外奇穴，有提神、醒脑等作用。太阳穴位于头部侧面，眉梢和外眼角中间向后一横指凹陷处。

4. 帮助苏醒

如果患者神志不清楚，可以用大拇指按压患者的人中、合谷等穴位，当患者呼吸停止时，立即进行口对口（鼻）人工呼吸。人中穴具有醒神开窍、镇静安神、解痉通脉等功效，是救治昏厥急症的首选要穴。人中穴位于上唇正中皮肤表面纵行的浅沟，其上1/3与中1/3的交点处。合谷穴具有镇静止痛、通经活经、清热解表等功效。位置在手背，第1、2掌骨间，当第2掌骨桡侧的中点处。取穴时，可将拇指、食指张开，以另一手的拇指指间横纹正对虎口指蹼缘上，屈指，拇指尖所指之处。

5. 补充体液

在患者苏醒后，给予淡糖盐水以补充体液的损失，不要在短时间内补充大量水分。

6. 及时就医

患者病情严重时，要立即拨打120急救电话或直接送往医院救治。

第八节　中毒

一般来说，我们日常生活中发生频率较高的是食物中毒、气体中毒、药物中毒。

一、食物中毒

食物中毒是指食用了被细菌性或化学性毒物污染的食物，或误食了本身有毒的食物，引起的急性中毒性疾病。其潜伏期短、突然爆发，集体发病，多数表现为肠胃炎的症状，并和食用某种食物有明显关系，没有传染性。比如未加热透的豆浆、毒蘑菇、过期变质的食物等。

食物中毒的紧急处理有如下措施。

1. 立即停止食用可疑的、有毒的食物。

2. 尽快排出还未吸收的食物；可以用筷子或手指刺激咽部催吐，排出毒物。可以选择较浓的盐开水饮用，比例为 20 g 盐，兑水 200 ml，如果喝一次不吐，可多喝几次，促使呕吐，尽快排出毒物。也可以用新鲜的生姜 100 g 捣汁加 200 ml 温开水冲服，有护胃解毒作用。若是吃了变质的荤腥类食物，则可服用十滴水催吐。

3. 食物中毒者如果出现胃肠道反应，如恶心、呕吐、拉肚子等，不建议立即服用止呕止泄的药物，以免贻误病情。如果发现食物中毒时，进食可疑中毒食物已超过 2 小时，但此时精神状态仍然比较良好，可以适量服用一些泻药，促进有毒物质的排出。

4. 多喝淡盐水或糖盐水，以补充人体失去的液体。

5. 用塑料袋子保存好呕吐物或粪便，以便医生确诊和救治。

6. 卧床休息，饮食清淡，避免辛辣刺激，比如可以食用牛奶、粥、面条等。

7. 当出现抽搐、口吐白沫等症状时，要迅速将患者口中异物清理干净，然后移至周围没有危险物品的地方，并取来筷子，用手帕缠好塞入患者口中，以防止咬破舌头。

8. 当出现脱水明显（比如皮肤起皱）、四肢寒冷、腹痛腹泻加重、意识不清、大汗淋漓、休克等危重情况时，要立即送医院救治。

二、气体中毒

气体中毒种类繁多，比如一氧化碳、氯气中毒等。这里主要讲我们日常生活常见的一氧化碳中毒。

1. 救护人员在做好防护措施后再进入现场，一边迅速开窗，使空气对流，一边切断中毒气体来源（比如煤气、燃气灶具、热水器设施设备等）。特别要注意的是，此时禁止使用明火，禁止打开各种电源开关。

2. 将中毒者迅速搬到空气流通的地方，平卧休息，松开衣领和裤腰带，注意保暖。

3. 要保持中毒者呼吸道通畅，对神志不清者应将头部偏向一侧，以防呕吐物吸入呼吸道导致窒息，密切观察其意识状况。

4. 对有昏迷或抽搐的中毒者，可在其头部置冰袋，以减轻脑水肿。

5. 中毒者要保持安静休息，有条件要尽快吸氧，情况较重者，救助者应立即拨打 120 急救电话，尽快送到有高压氧舱的医院。

6. 当中毒者出现呼吸及心跳停止的危重情况时，救助者应立即拨打 120 急救电话，并立即进行心肺复苏。

三、药物中毒

药物中毒是指用药剂量超过极量而引起的中毒。误服或服药过量以及药物滥用均可引起药物中毒。当我们发现疑似药物中毒患者时，可以按以下步骤处置。

1. 拨打 120 急救电话，尽快送往医院救治。

2. 尽快查出中毒原因，以及药物

进入人体的途径、进入量和中毒时间。

3. 对神志清楚者，明确毒物是经口进入，无明显禁忌证的，尽快进行催吐，可采用手指、筷子、汤匙等刺激咽后壁和咽弓，反射性地引起呕吐。假如中毒者是意识不清、抽搐等状态；服用腐蚀性（或强酸、强碱）毒物；本身有食管静脉曲张、溃疡病、严重心衰等情况则禁用催吐。催吐时应将患者头部放低或偏向一侧，避免呕吐物进入气管，导致窒息或误吸。

4. 如果中毒者出现呼吸停止，要保持呼吸道通畅并及时进行人工呼吸。心跳停止时，立即进行现场心肺复苏。

5. 如果中毒者昏迷，面色青白，表明脑部缺血，取平卧头低脚高位。如果面色发红，表明头部充血，取平卧头高脚低位。

第九节　宠物咬抓伤

宠物的咬抓伤主要是狗或者猫，在被狗或者猫抓伤、咬伤后，其处理分以下 3 个步骤。

1. 首先处理伤口，在伤口的上方 3~5cm 处，即近心端，扎止血带（可以用布条、毛巾、绳子等替代，15~30 分钟松开 1 次），然后用手将伤口的血挤出来，防止或减少病毒随血液流入全身。

2. 用肥皂水或流动的清水反复冲洗伤口，对伤口本身不要包扎。

3. 去医院进行进一步消毒处理，接种狂犬病疫苗（一般需要注射 5 支，咬伤当天 24 小时内注射第 1 支，也就是第 0 天注射第 1 支，然后第 3 天、第 7 天、第 14 天、第 28 天分别再注射 1 支），严重时，加倍注射血清和免疫球蛋白，创面较大时，遵医嘱注射破伤风抗毒素。

第十节　食管异物——鱼刺

吃鱼时，一些人经常会发生鱼刺卡喉的状况。此时鱼刺卡喉者要保持冷静，不要大口干咽饭团、馕、油馍等食物，试图将鱼刺压下去。这样做，细软的鱼刺可能会被压下去，但是大、坚硬的鱼刺可能越扎越深。鱼刺卡喉时，建议按照以下方式处理。

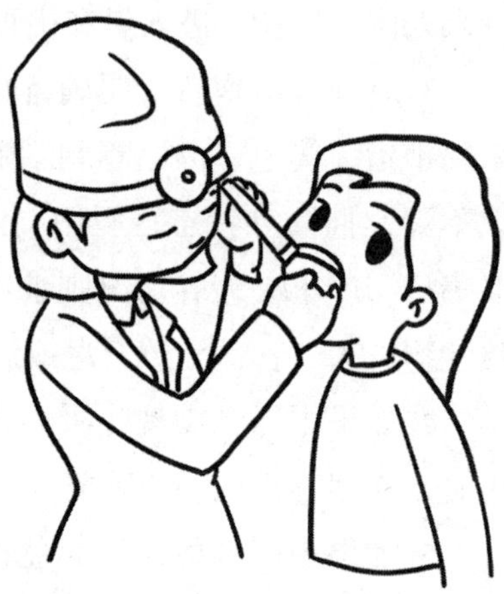

1. 将光源对准咽喉部，用汤勺等物品压住舌头，看是否能够发现鱼刺，如果可以看到，可以自己用手或者请别人通过借助筷子、长镊子等物品将鱼刺取出。

2. 催吐，通过呕吐使胃里的食物将鱼刺反向冲出。

3. 将橙皮切成小块慢慢咽下，或将维生素 C 片慢慢含化，可以软化一些比较细小的鱼刺。

4. 当以上方法均无效、鱼刺取出后仍有咽喉部不适或者吞咽后感胸骨疼痛，建议及时去医院耳鼻喉科就诊。

第十一节　外耳道异物

外耳道异物是指外来物误入耳道，包括了一切入耳的动植物或非生物类异物。其日常紧急处理如下。

1. 异物进入外耳道时，要保持冷静，不要用挖耳勺等尖锐物品伸到耳内进行掏挖。

2. 当虫子进入时，可以用电灯、手电筒等光源靠近耳朵，虫子都喜欢光线，会顺着光源出来；也可以在外耳道倒入食用油、酒精、醋等，待虫子死亡后，再用水冲出。

3. 当圆形类、球体类如圆形小饰品等，进入外耳道时，可以侧头把有异物的耳朵一侧低向地面，然后单脚跳跃，可以将异物排出。对于不膨胀的可以活动的异物，如泥土等，也可以用清水将异物冲出来，但是有外耳道炎症、鼓膜损伤等情况者禁用此方法。

4. 对于植物类异物可在直视下用异物钩或挖耳勺取出，不宜用水冲洗，以免导致其膨胀而取出困难。而豆类、花生等遇水会膨胀的异物，可以先滴入 95% 乙醇，使之缩小，然后再掏出或勾出。

5. 如果上述方法均不能将异物取出，或者异物取出后，耳部仍有疼痛感等不适，建议及时去医院耳鼻喉科就诊，必要时进行药物治疗。

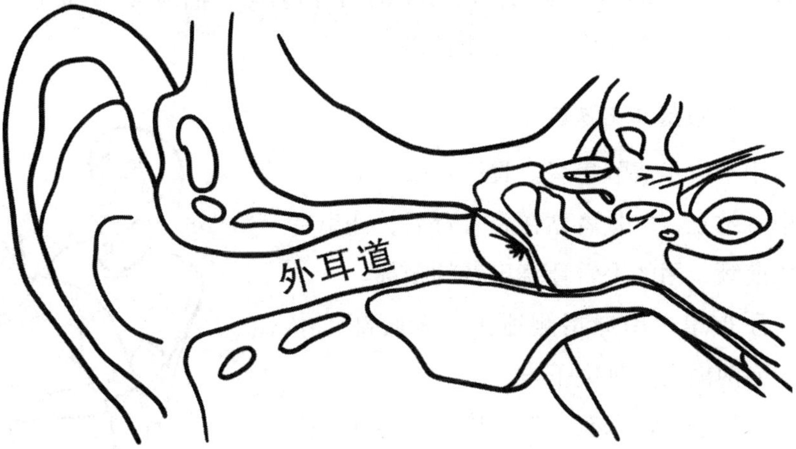

第十二节　气道异物

气道异物是呼吸道异物，一旦发生，是十分凶险的急症。气道完全阻塞的窒息只要持续 6 分钟就会心跳停止。在日常生活中，常见的气道异物有汤圆、果冻、豆类、花生、呕吐物等。发生气道异物时患者常有以“V”字形手势求救、不能出声、面色青紫等表现。气道异物可以分为不完全阻塞和完全阻塞两种情况，紧急处理一般分为三种情况。

（一）拍打背部，使其咳嗽

如果患者还可以咳嗽、说话，表明此时为不完全阻塞，气道还没有完全阻塞，可以拍打其背部，让其用力咳嗽，看是否能将异物咳出。

（二）海姆利克急救法

抢救气道异物者可采用海姆利克急救法。重复时，施救者每次动作要分开，快准有力度。具体方法主要有以下几种。

1. 自救腹部冲击法

（1）一手握拳头，另一只手包住拳头，在腹部正中线、肚脐上两横指、剑突下方的位置，快速向内上方冲击，重复动作直至异物排出。

（2）如果自己力气不够，那么要找到带椅背的椅子、圆角的桌子或者其他坚硬的钝角物体，将自己的腹部按压在椅背、圆角等物体上面，然后弯腰挤压腹部，快速向内上方冲击，重复动作直至异物排出。

2. 成人立位腹部冲击法

此法适用于成年清醒患者。具体步骤如下：

（1）患者站立，急救者站在患者背后，让患者弯腰头部稍前倾，用两手臂环绕患者的腰部。

（2）一手握拳，用拇指侧顶住患者腹部正中线、肚脐上方两横指、剑突下方。

（3）另一只手包住拳头，然后快速有力地向内上方冲击，直至异物排出。

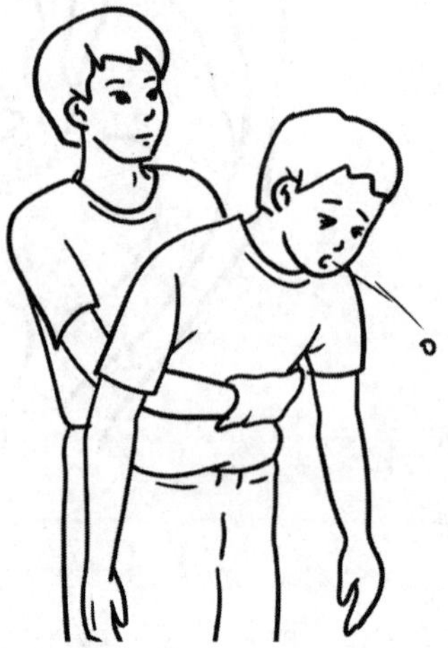

3. 成人立位胸部冲击法

患者意识清楚，但由于患者肥胖或者患者为孕妇，抢救者无法双臂环绕住患者腰部时，则要选择成人立位胸部冲击法，与成人立位腹部冲击法姿势不变，只是将握拳的那只手，放在患者的胸骨下端。

4. 成人仰卧位腹部冲击法

此种方法适用于意识不清的患者，还可以用于抢救者身材矮小，不能双臂环绕住患者的腰部等情况时。

（1）将患者平卧，使其头后仰并偏向一侧，然后开放气道。

（2）抢救者面对患者，骑跨在患者的髋部或者两大腿上，一只手掌根部平放在腹部正中线、肚脐上方两横指、剑突下方。

（3）另一只手直接放在第一只手的手背上，两手重叠，然后用身体的重量，快速地向内上法冲击患者，重复动作直至异物排出。

5. 成人仰卧位胸部冲击法

此法与成人仰卧位腹部冲击法的区别在于，手掌根的位置在两乳头连线中点（同心肺复苏定位点）。

6. 儿童腹部冲击法

儿童腹部冲击法同成人。

7. 婴儿拍背、胸部快速冲击法

婴儿出现气管异物时，要立即抱去医院，尽量及时做急救处理。

（1）抢救者坐位或者单膝跪地，将婴儿骑跨在抢救者的手臂上，头部低于躯干，手要托住婴儿头及下颌，然后用另一只手掌根部向前下方，用力叩击婴儿的背部肩胛之间，每秒 1 次，拍打 5 次。

（2）然后用手固定头颈部，两手臂夹住婴儿躯干，小心将其翻转为仰卧位，整个过程要保证婴儿头部低于躯干。然后再用两指快速地向正下方冲击 5 次，每秒 1 次。

（3）反复进行以上动作，及时清理排出异物。

（三）拨打 120 急救电话，必要时进行心肺复苏

对于整个抢救过程中，出现心跳呼吸骤停的情况，拨打 120 急救电话联系医院的同时，要先将异物排除，然后立即进行现场心肺复苏。

第十三节　触电

触电即使没有危及生命，也会造成重大伤害，所以要掌握现场急救技术。

1. 要使触电者迅速脱离电源

施救者要根据现场环境，选择合适的方法。

（1）如果开关或按钮距离触电地点很近，可以直接关闭开关，切断电源。

（2）如果开关距离触电地点很远，可以用干燥的木棒、木板或其他带有绝缘柄（手握绝缘柄）工具，迅速将电线挑开。注意：千万不能使用任何金属棒或湿的东西去挑电线，以免救护人触电。

2. 根据触电者不同情况，选择不同救护措施

（1）触电者伤势不重，神志清醒，应使触电者平躺仰卧，安静休息，松开衣领及裤腰带，严密监视，嘱其暂时不要站立或走动，及时联系其家属，并询问触电者及其家属是否需要拨打120急救电话到医院进一步诊断治疗。

（2）触电者失去意识，但心跳和呼吸还存在，要使触电者在安全的环境仰卧，保持其呼吸道通畅，解开衣领和裤腰带，拨打120急救电话到医院进行下一步处理。

（3）触电者意识、呼吸丧失，但心跳还在，要立即拨打120急救电话，并行现场口对口（鼻）人工呼吸。

（4）触电者意识、呼吸、心跳都丧失了，要立即拨打120急救电话，并进行现场心肺复苏急救。

第十四节　心肺复苏

不论是什么意外伤害，我们在紧急处理过程中，一旦患者出现呼吸、心跳停止，我们就要立刻启动现场急救，以下是我们在日常生活中可以自己进行的心肺复苏操作。

一、心搏骤停

（一）心搏骤停标准

1. 意识丧失。
2. 大动脉搏动消失（颈动脉、股动脉）。

（二）心搏骤停的严重后果

5~10秒：意识丧失，突然倒地；
30秒：可出现全身抽搐；
60秒：自主呼吸逐渐停止；
3分钟：开始出现脑水肿；
4分钟：开始出现脑细胞死亡；
8分钟：“脑死亡”“植物状态”。

（三）心肺复苏成功率与心搏骤停后开始时间

心搏骤停 1 分钟内实施心肺复苏：成功率大于 90%。

心搏骤停 4 分钟内实施心肺复苏：成功率约 60%。

心搏骤停 6 分钟内实施心肺复苏：成功率约 40%。

心搏骤停 8 分钟内实施心肺复苏：成功率约 20%，且存活者可能已经“脑死亡”。

心搏骤停 10 分钟后实施心肺复苏：成功率几乎为 0。

抢救心搏骤停患者最关键的是在“黄金 4 分钟”内正确施救，所以我们应该人人掌握心肺复苏术。

二、心肺复苏过程

（一）观察环境安全

在实施抢救的时候，要确保周边环境的安全，并让患者仰卧位地躺在平整的地面或硬板上。比如发现有人倒在起火的屋子里时，施救者第一件事情肯定是将患者搬离该屋子，然后再进行下一步的判断和抢救。

（二）判断患者的意识

1. 轻拍重呼

轻轻地拍打患者双肩部，并在患者耳边高声呼喊：“喂，你怎么了？”“先生 / 女士，你听得到我说话吗？”等。在两边耳朵各呼叫 2 次。同时注意患者是否存在自主的运动，若患者对拍打呼唤完全没有反应且不存在自主运动则可认为是没有意识。

2. 检查疼痛反射

若为专业人员，还可以检查是否有疼痛反射等。

（三）检查呼吸和脉搏

抢救者跪在患者右边，左耳贴近患者口鼻部，右手在喉结左右约两指幅处，单侧触摸，力度适中，然后眼睛平视关注患者胸廓是否存在起伏，感觉患者是否有呼吸声、是否有呼吸气流。时间小于 10 秒，以此判断呼吸和心跳。

患者有意识时，密切观察患者意识、呼吸、心跳等，安静等待急救人员到来；

如果没有意识、心跳或呼吸，就要立即拨打120急救电话，然后进行现场心肺复苏。

（四）胸外按压

抢救者此时在患者右侧，先将其外衣、裤腰带解开，充分暴露胸廓，然后进行胸外按压。

1. 定位

两乳头连线中点。或者胸骨中下1/3处。

2. 正确手势

双手掌重叠，十指交叉，互相紧扣，掌根部与患者胸骨接触，其余五指全部翘抬起来。

3. 按压姿势

抢救者双膝跪地，以髋关节为支点、腰部挺直，用上半身的重力垂直往下压，保持肩、肘、腕关节三关节呈一直线。按压要有节律、平稳、用力均匀。

4. 按压深度

按压至少要使患者的胸骨下陷5cm，每次按压后手臂力量要松开，保证压力释放，让胸廓完全回弹。

5. 按压频率

一分钟大于100次，按压与放松时间相等。

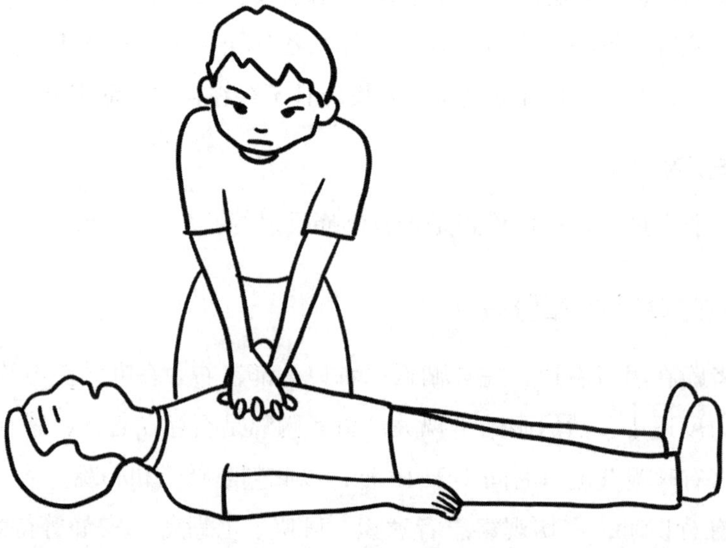

（五）清理异物，开放气道

检查患者鼻、口腔，如果有异物，将患者的头侧向一边，清理干净，保持气道畅通，然后打开气道，主要用的是仰头抬颏法：一手置于前额使头部后仰，另一手的食指和中指放在下颌骨近下颏角的位置，抬起下颏。

（六）人工呼吸

胸外按压 30 次之后，立即进行人工呼吸 2 次，一般来说，由于急救条件有限，类似于通气囊这种简易呼吸器，基本上没有，目前用得比较多的方式还是口对口人工呼吸或者口对鼻人工呼吸。每次吹气以患者胸廓抬起，并维持 1 秒为宜。

1. 口对口人工呼吸

左手捏住患者鼻孔（防止漏气），右手轻压患者下颌，把口腔打开，然后抢救者先深吸一口气，再用自己的口唇把患者的口唇包住，向患者嘴里吹气。

2. 口对鼻人工呼吸

用一只手提起患者下颌，并使双唇紧闭（防止漏气），然后抢救者先深吸一口气，再用自己的口唇把患者的鼻部包住，向患者鼻里吹气。本法适用于不能进行口对口人工呼吸，比如无法打开口腔或抢救者不能将患者口部完全紧密地包住等情况。

（七）评估患者呼吸和脉搏

在 5 个周期的胸外按压后评估患者呼吸和脉搏，评估时间 5~10 秒，如果依然没有呼吸、脉搏，继续进行心肺复苏，如果有以下情况时，可以停止。

1. 心肺复苏成功：①自主呼吸恢复；②触摸到规律的颈动脉搏动；③面色由发绀转为红润；④瞳孔由大变小，并逐渐有对光反射；⑤有呻吟，手脚开始动，眼球在活动等。

2. 有专业医院人员接替抢救。

3. 医务人员已确认患者死亡。

以上是心肺复苏的基本急救操作。我们平时在日常生活中可以通过上网寻找心肺复苏相关视频进行学习，另外，在需要心肺复苏的急救时，不管我们会不会具体操作，我们都可以及时拨打 120 急救电话进行医疗求助，得到其专业指导，进行现场抢救。

第四章
青春期心理

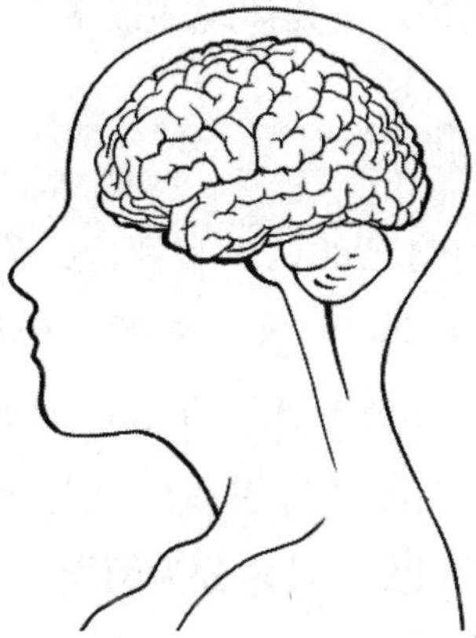

第一节　青春期心理

一、什么是心理

心理是指人内在符号活动梳理的过程和结果。心理是大脑对客观现实的主观反映，意识是心理发展的最高层次，只有人才有意识，人的心理活动都有一个发生、发展、消失的过程。

二、青春期的心理特点

青春期是心理发展转折期。青春期身体快速发育伴随着强烈的独立意识，但心理发展相对生理发展较缓慢，保持着儿童期的依赖，出现身心时差，青春期就是在这种矛盾的心理状态下成长。主要体现在以下几个方面。

（一）自我意识发展特点

自我意识是一个人对自己的认识和评价，包括认识自己的生理状况（如身高、体重等）、心理特征（如兴趣、能力、气质及性格等）以及自己与他人、社会的关系（如自己与周围人们相处的关系、自己在集体中的位置与作用等）。正是由于人具有自我意识，才使人对自己的思想和行为进行自我控制和调节，使自己形成完整的个性。青春期的自我意识发展具体分为两期。

1. 青春期发育初期

青春期是一个半幼稚、半成熟的时期，是独立性和依赖性、自觉性和幼稚性错综矛盾的时期，其心理介于儿童及成人之间。在青春期发育初期，青少年觉得自己不再是小孩子了，不仅在外观上打扮成成人的样子，而且在内心里追求独立的意识也日渐加强，迫切希望摆脱约束，独立自主地解决问题，但现实却是青少年无法真正脱离家长、老师的支持和帮助。特别是对于某些独生子女来说，由于长期受到父母的溺爱，这种独立与依赖的矛盾斗争就十分激烈。青春期时期的心理上处于“断乳期”，这一时期的青少年反感来自父母、师长的指挥，渴望自己得到认同，强烈要求独立地处理问题，甚至为了证明自己已经独立，表现得很执拗，盲目地反对父母和师长。

2. 青春期发育后期

这一时期的青少年自我意识逐渐趋于成熟，独立自主能力、自制力较强，能够自觉地意识和评价自己的个性品质、内心体验等；可以独立支配和调节自己的活动和行为。

（二）思维特点

青春期的思维发展水平达到了儿童心理学家皮亚杰所划分的形式运思阶段，这时已经能够脱离具体的物或情境用符号进行抽象思维。具体表现为以下两个方面。

1. 能够建立假设和检验假设

这个时期思维者完全可以按照提出问题、明确问题、提出假设、检验假设的途径，经过一系列抽象逻辑过程，达到解决问题的目的。使得抽象逻辑思维的假设性得到了充分的发展。

2. 思维形式与思维内容分裂

思维者可以根据命题的逻辑形式在头脑中直接进行逻辑推理，使形式从内容中解放出来，创造性思维大幅度发展，能够大胆地提出新设想、新见解。

（三）感情特点

1. 青春期发育初期

这时期的青少年情感反应与外表一致，有明显的社会性，逐渐从对亲人的挚爱之情，扩大到对同学、老师、领袖等人物的崇敬和追随，从自爱到爱集体、爱家乡、爱祖国甚至爱全人类，情感容易受环境感染，一旦建立友谊，大多真诚坦白。并且此时他们的道德观也发生了变化，对成功人士、名人崇拜得五体投地，对坏人坏事疾恶如仇，追求公平公正，情绪的两极化非常明显，在现实生活中有时候因为无法妥协和容纳不同意见的人与事，导致自身受到伤害。

2. 青春期发育后期

这时期的青少年外部表情并非总与内心体验一致，学会了更加平衡合理地处理自己的情绪变化，对事物的评价也变得更加全面，一旦建立友谊，则更加注意知心，常常倾心相待，互助互谅，终身不渝。

（四）性意识发展特点

性意识是指个人对男女之异的两性需求及可能形成的种种相互交往关系的感知和认识。具体指性差别、性身份、性别角色和性冲动在心理觉察层次上的反映。

心理学家赫洛克认为，性意识的发展大体分为 4 个阶段。

1. 疏远异性的性厌恶期

这一时期指青春期开始的半年至 1 年（11~12 岁）期间内的两性疏远阶段。该时期性功能尚未完全成熟，性别意识刚刚萌芽。他们发现彼此间性别的差异，便产生明显的性不安、害羞、反感，如少女对日渐隆起的乳房感到羞怯，少男则害怕被人看到开始长出的阴毛。他们对两性间的接触持疏远、回避甚至粗暴的态度，当学习或工作需要，双方接触时感到拘束和难为情。他们认为两性间亲近不可取，恋爱是可耻的、不纯洁的。

2. 向往年长异性的“牛犊恋”期

在这一时期，青少年会像小牛恋母似的倾慕所向往的年长异性的一举一动，他们对异性的爱慕是从比自己年长得多的异性开始的。也有些男孩和女孩开始感受到异性的吸引力，自己开始打扮自己，以博得异性的欢心。“牛犊恋”的表现一般只是默默地向往，而不会爆发出来成为真正的追求和恋爱。

3. 接近异性的狂热期

情感吸引，相互接近的时期。这一时期一般只把年龄相当的异性作为向往的对象，此期青少年男女的特征是精神兴奋程度高，往往对异性带有幻想色彩，很少考

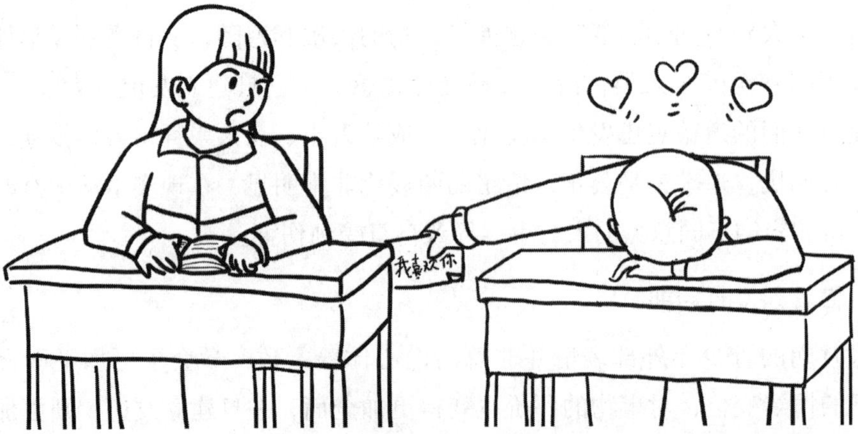

虑到会面临的困难和阻力，因而情感发展的速度较快，迅速达到炽热的阶段，即热恋。从初恋到热恋是少年男女双方感情逐步深化的过程。狂热期间双方相互吸引力加强，激动程度高，有相互了解的迫切要求，真诚和信任感增强，而且思维方法和活动方式也发生改变。但由于双方理想主义成分太高，以自我为中心的意识太强，所以冲突较多，接近的对象也会经常变换。

4. 后期正式的浪漫恋爱期

青春发育已基本完成，特点是划清恋爱和婚姻的界限，不可逾矩，不要放纵的亲昵，正视对方的缺点，认真地和负责地沟通，增加了解。一般爱情集中在一个人，和谐爱情的逐步形成，是基于双方遵守承诺和共享建立起来的美好前景。通常在激情消退后，会发现对方存在以往未曾注意到的缺点，能够比较冷静地看问题。

（五）智力发育特点

青春期是身体发育的“黄金时期”，也是智力发育的“黄金时期”，进入青春期之后，大脑皮层的内部结构和功能不断分化和完善，脑的沟回增多、加深，脑神经纤维变粗、增长，使大脑对人体的调节功能大大增强，兴奋过程和抑制过程逐步平衡，分析、理解和判断问题的能力有了很大的提高。在这一时期，孩子的好奇心、求知欲、记忆力大大增强，容易接受新事物，并逐渐转入感知活动具有一定的精确性和概括性，青春发育中后期，孩子学习的内容更加高深复杂，并具备一定水平的自学能力。

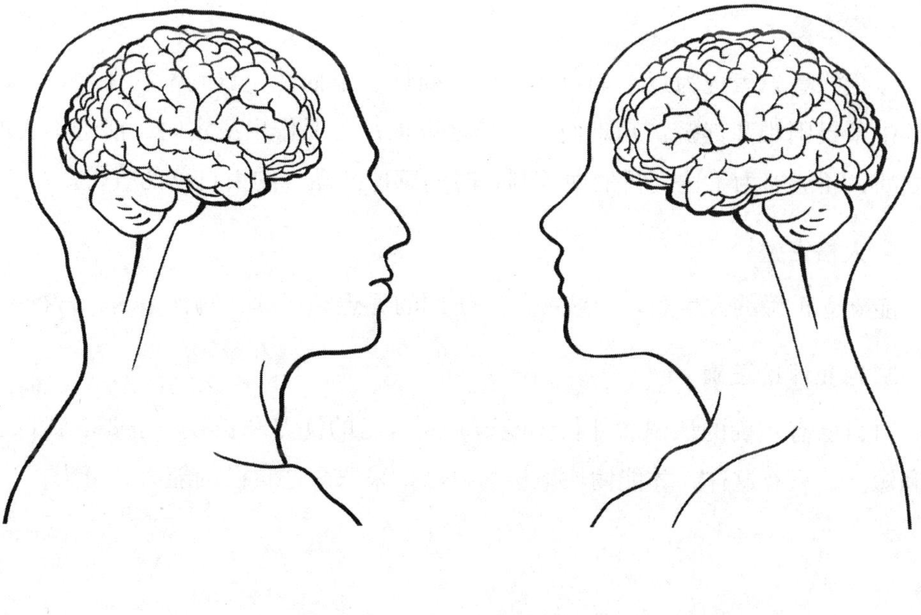

第二节　青春期心理健康

一、青春期心理健康的标准

青春期心理健康是指具有一种良好而持续的心理适应和发展状态，能有效地发挥个人的身心潜力和积极的社会作用。具体的心理健康标准可以归纳为以下几个方面。

1. 智力正常

正常的智力水平是人生活、学习、工作、劳动的最基本的条件，是心理健康的首要标准。

2. 情绪健康

情绪健康包括情绪稳定和心情愉悦。

（1）愉快情绪多于负性情绪，乐观开朗，富有朝气，对生活充满希望。

（2）情绪较稳定，善于控制与调节自己的情绪，既能克制又能合理宣泄自己的情绪。

（3）情绪的表达既符合社会的要求又符合自身的需要，在不同的时间和场合有恰如其分的情绪表达。

（4）情绪反应与环境相适应，反应的强度与引起这种反应的情境相符合。

3. 意志健全

健全的意志表现为意志的目的性、果断性、坚韧性、自制性。在学习、训练等任务中不畏困难和挫折，知难而上，持之以恒；需要作出决定时，能毫不犹豫，当机立断；还能够为了达到目的而控制一时的感情冲动，约束自己的言行。

4. 人格完整

能确立正确的人生观。有统一的、协调的思想和行动，胸怀坦荡，言行一致。

5. 自我评价正确

对自己有正确的认识和评价，既要看到自己的优点和长处，也要看到自己的缺点和短处，只有这样，才能愉快地接纳自己，采取合适自己的能力和行为。

6. 人际关系和谐

能正确、积极地对不同人际关系作出不同的心理反应。与人交往不卑不亢；既理解他人，也能被他人所理解，并被别人所接纳，在集体中有自己的朋友。

7. 社会适应正常

对现实有较强的适应能力，能和社会环境协调一致，时刻认识到自己对国家和社会所负的责任，牢记初心，不忘使命，并根据国家和社会的要求，努力掌握知识和技能，以促进社会的进步。

8. 心理行为符合年龄特征

在人的生命发展的不同年龄阶段，都有相对应的心理行为表现，从而形成不同年龄阶段独特的心理行为模式，心理健康的人应具有与同年龄多数人相符合的心理行为特征。青春期年轻人应该是精力充沛、反应敏捷、行为果断的，过于老成、过于幼稚、过于依赖都是心理不健康的表现。

二、青春期常见的不健康心理

青春期处于快速发育阶段，知识和生活经验相对不足，当以下不健康心理出现时，要注意及时地纠正。

忧郁：由于种种原因，表现出现闷闷不乐，愁眉苦脸，沉默寡言。如果长时期处于这种状态，就应当予以充分重视。

狭隘：表现为斤斤计较，心胸太狭窄，不能容忍也不理解别人。对小事也耿耿于怀，爱钻牛角尖。

嫉妒：当别人比自己好时，表现出不自然、不舒服甚至怀有敌意，更有甚者竟用打击、中伤手段来发泄内心的嫉妒。

惊恐：对环境和事物有恐怖感，如怕针、怕暗、怕鬼怪。轻者心跳厉害、手发抖，重者睡不着觉、失眠、梦中惊叫等。

残暴：有点小事自己不快，便向

别人发泄，摔摔打打，骂骂咧咧，有的则以戏弄别人的方式让自己开心，对别人冷嘲热讽，没有温暖之心。

敏感：神经过敏，多疑，常常把别人无意中的话或不相干的动作当作对自己的轻视或嘲笑，为此而喜怒无常，情绪变化很大。

自卑：对自己缺乏信心，以为在各方面都不如人家，无论在学习上，还是在生活中，总把自己看得比别人低一等，抬不起头来。这种自卑严重影响了自己的情绪，对自己缺乏情趣，压抑感太强。

第三节　青春期心理行为问题产生的主要原因

一、生长发育

进入青春期的青少年，身体快速增长，身高、体重、心肺功能等发育迅速，身体变化巨大，对于自己的外在形象，开始逐渐变得十分关注；并且希望自己可以得到成人一样的认可，迫切地想要独立，但是青少年认知和辨别能力不成熟，思考问题伴随明显的片面性、极端化、情绪化。当理想的自己和现实的自己出现差距时，容易出现抑郁、忧伤、过度敏感等情况。

二、性意识觉醒

人体在青春期这一发育阶段，性激素分泌急剧增多，第一、第二性征快速发育，青少年对此感到疑问、神秘、好奇。对于成长过程中性的觉醒，青少年还要学会自我调控，以达到快速发育的生理水平和介于成熟和幼稚的心理水平的平衡。这种矛盾将会产生不安等心理现象。

三、学习压力

青春期面临着升学的压力，在学校课堂之外，还有各种学习班、兴趣班等，而且由于现代家庭子女数量较之前偏少，社会及家庭对于子女教育比较重视，家中长辈给予的注意力集中，如果学习压力过重，成绩不理想，达不到自己、家人或老师等的期望，经常会产生沉重的心理负担，一旦长时间得不到缓解和正确的指导，很容易产生厌恶学习、畏惧学习、学习注意力不集中、考试焦虑等，甚至逃课、退学等情况。

四、家庭的意外变故

青春期的发育阶段，个人身心均未完全发育成熟，人生观、价值观等尚未完全建立，此时一旦发生家庭变故，如意外伤害导致身体残疾，父母离异，家属发生重大疾病、病故等，很容易产生自暴自弃、狂躁、轻生等不良心理现象。

五、网络信息的发展

网络是一把双刃剑，既为青春期男女提供了知识的求知途径、打破了交往的地域性等便利，但同时由于网络的无约束、隐蔽性等，很容易接触到爆炸般的信息量，但是青春期孩子不能完全辨别这些信息的正确与否，在接触不良信息、大量时间消耗在网络上之后，容易产生网络成瘾、抵抗等不良心理现象。

青春期知识小链接

男女第一性征和第二性征

男女第一性征，是指男女两性生理上的特征。生殖器官被称为第一性征。男女生殖器的不同外形和构造特征叫作第一性征，决定第一性征的是遗传物质——染色体。而青春期男女的发育区别在于第二性征。女性第二性征是指女性青春发育期在雌激素作用下显示出来的特征，主要包括：①乳房发育。②阴毛与腋毛。③臀部突出，骨盆宽大。④体态苗条，皮肤细腻。男性第二性征是指男性青春发育期在雄激素作用下显示出来的特征，主要包括：①胡须。②阴毛与腋毛。③喉结。④骨骼粗大，肌肉结实。

第四节　青春期常见心理行为问题

一、抑郁症

（一）抑郁症的定义

抑郁症又称抑郁障碍，以显著而持久的心境低落为主要临床特征，是心境障碍的主要类型。抑郁症在属于中医学“郁证”的范畴。郁证，是由于情志不舒，气机郁滞而引起的疾病的总称。《黄帝内经》将情志因素看作是导致人体致病的重要原因，有“怒伤肝、喜伤心、思伤脾、忧伤肺、恐伤肾”等大量有关情志致病的记载。

（二）抑郁症的临床表现

抑郁症临床上可见心境低落与其处境不相符，表现为闷闷不乐，严重时悲痛欲绝、木僵等，甚至有自杀倾向，有些患者还伴有焦虑、激越、运动性不安等，甚至可能出现精神病症状，如幻觉、妄想等，抑郁症的发病率很高，终身患病率是 7% 左右。

1. 心境低落

主要表现为显著而持久的情绪低落，抑郁悲观。轻者闷闷不乐、不愉快，不感兴趣，严重者沮丧、悲观和绝望、度日如年、生不如死。典型患者的抑郁情绪有早上重、晚上轻的节律变化。在情绪低落的基础上，患者的自我评价降低，产生无用感、绝望感、无助感和无价值感，一般伴随着自责，严重者会有罪恶妄想和疑病妄想，甚至可能出现幻觉。

2. 思维迟缓

人的思维联想速度慢，反应慢，思维受阻，“脑子像涂了一层糨糊一样”。在临床上可以看到主动言语减少，语速减慢，对答困难，严重情况下交流无法顺利进行。

3. 意志活动减退

人的意志活动呈明显且持久的抑制。临床表现为缓慢、被动、懒惰、不愿意做事情、不愿意和周围人接触，经常独坐一旁，或整天躺在床上、独自居住、疏远亲友、避免社会交往。严重时，饮食和个人卫生等基本身体需求也会被忽略，蓬头垢面，甚至发展为沉默、不活动，称为“抑郁性木僵”。经过仔细精神检查，人仍然表现痛苦、抑郁、焦虑情绪，可伴随有坐立不安、手指紧握、手脚摩擦或来回踱步等症状。严重的时候常伴有消极、自杀的观念或行为。消极悲观、缺乏自信心等均会导致绝望，认为“结束自己的生命是一种解脱”，出现自杀行为。这是抑郁症最危险的情况，需要警惕。

4. 认知功能损害

抑郁症人群存在认知功能损害。主要表现为近事记忆力下降、注意力障碍、反应时间延长、警觉性增高、抽象思维能力差、学习困难、语言流畅性差、空间知觉、眼手协调及思维灵活性等能力减退。认知功能损害会导致患者社会功能障碍，而且影响患者远期预后。

5. 躯体症状

抑郁症往往会引发一系列的躯体症状。其症状主要表现在以下 6 个方面。

（1）睡眠障碍：主要表现是早醒，一般比日常睡眠早醒 2~3 小时，醒后无法再次入睡；或者无法入睡，睡眠较浅；少数患者表现为睡眠时间过长。

（2）躯体不适：可涉及全身多脏器，如恶心、呕吐、心慌、胸闷、出汗等。

（3）身体各部位、多关节的疼痛：一般针对疼痛本身治疗效果欠佳，需要给予一定的心理治疗。

（4）身体乏力感明显，精力缺失。

（5）食欲减退、体重下降。

（6）性欲减退、阳痿、闭经等。

（三）抑郁症的防治方法

如果得了抑郁症，要明确一点：生病不是患者的错。生病了就要去看病，找医生治疗，有病治病，这才是正确的做法。抑郁症是可以治愈的。青春期抑郁症是一种高发病率、高复发率、高致残率的疾病，要及早诊断和治疗。目前防治抑郁症可以从以下几个方面入手。

1. 药物或仪器

有疑似抑郁症状的青少年，应及时、尽早去医院失眠科、心身疾病科等相关科室就诊，在专业医生指导下选用相应抗抑郁药物或相关仪器治疗。

2. 接受相应的心理指导

罹患抑郁症的青少年，可以先在学校、社区的心理咨询室接受相关治疗，必要时去医院就诊，接受更专业的心理指导。

3. 运动疗法

运动可以使抑郁缓解，在运动时，人体大脑边缘系统会产生大量的内啡肽，可以增加人的愉快感。最好的运动方式是有氧运动，如骑自行车、慢跑、游泳等。

4. 阳光疗法

阳光是治疗抑郁症的良药，最适合季节性抑郁症患者。

5. 音乐疗法

抑郁症患者最好以 40 分贝的音量听一些舒畅、欢快的音乐。

6. 饮食调节

血清素、多巴胺、肾上腺素等可以使人愉悦，所以抑郁症患者可以多吃一些海鱼、香蕉、全麦面包、菠菜、樱桃、粗粮、大蒜等，减少或不食用酒精、咖啡、膨化食品等。

7. 学会自我疏导

抑郁症患者应在日常生活中与人建立良好的人际关系，自我疏导自己的不良情绪，比如：自我暗示法、转移法等。

二、考试焦虑症

（一）考试焦虑症的定义

考试焦虑是焦虑的一种，是指在特定的考试情境下发生，受个体认识评价能力、人格倾向与其他身心因素所制约，以担忧为基本特征，以防御或逃避为行为方式，通过不同程度的情绪性反应所表现出来的一种心理状态。考试焦虑具有以下特点：威胁成分相对简单；持续时间较短，与考试时间长短相关；不反映个体人格。

（二）考试焦虑症的表现

考试焦虑症，根据发生的时间段不同，可以分为：

1. 考试前焦虑

考试前焦虑是一种未发生的、预期的、超前的焦虑，在考试还没有发生之前的担心。

2. 考试中焦虑

在考试过程中出现自己不会的，或者平时掌握不牢固的知识点等情况时产生的巨大的焦虑。

3. 考试后焦虑

在考试结束后，可能因考试后发现自己考卷答案错误或者担心最终的考试成绩等，产生紧张焦虑。

考试焦虑症的临床表现集中在以下三种：①个人生理异常：会出现头晕、头痛、心慌、胸闷、恶心、呕吐、打嗝、腹痛、腹泻、尿频、失眠、四肢发凉、肌肉痉挛等。②心理异常：会出现忧郁、紧张、担忧、惧怕、注意力不集中、记忆力减退，学习效率降低，丧失自信心和学习热情，常常将失败的后果扩大，额外增加自己的心理负担。③行为异常：考试之前畏惧考试，甚至逃避考试，学习时抓狂；考试中坐立不安、全身发抖，对周围的声音反应过度，思维混乱，手足无措，感觉天旋地转，脑中一片空白，经常慌忙作答后离开考场；考试后焦虑无法达到预期成绩，胸口憋闷感明显等。

（三）考试焦虑症的防治

青少年要知道，适度的焦虑可以帮助考试发挥，过度的焦虑才是需要防治的。

1. 调试认知

树立正确的认知是克服考试焦虑的重要措施。要正确认识考试及分数：考试和反映其结果的分数，是对我们所学知识的掌握情况的一种检验方式。考得好，要看到自己失误的地方；考得不好，要发现自己的不足，在日常学习生活中继续努力。

2. 树立必胜的信心

面对中考、高考这种人生重大的考试，产生焦虑是很正常的，此时树立必胜的信心十分重要，为了可以获取充分的自信，要在平时学习中有目标、有计划地进行预习、复习，在强调掌握基础知识的同时，注重提高，全面性地进行学习。不因为几次考试的失利，就丧失对自己的信心。临考之前，要对整体的知识框架和重点内容掌握，特别是对于平时上课时老师反复强调的重点和自己的薄弱环节，要进行重点复习。此外，还要避免题海战术，因为题海战术不仅增加考前疲劳感，而且一旦错误过多，还会打击自己的自信心。

3. 对自己进行正确的评价

在学习中，人人都想争前几名，但是在这条排名的道路上，要认清自己的优势和劣势，找到自己的定位，结合自己的实际水平，设置合理的奋斗名次，并不断为之努力。

4. 规律作息

制定每日计划表，按时作息，不熬夜，保证充足睡眠，这样才可以在考试的时候有充沛的精力，不至于头脑晕晕乎乎，思维迟缓。在临考前可以根据考试的时间及科目安排，进行相关科目的学习及测试，调试相关科目的兴奋性。比如：上午考英语，那么每天的英语听力练习题可以安排在上午进行。

5. 合理饮食

不要因为要考试了就大鱼大肉地进补，尤其是平时饮食以素食为主者，很容易导致腹泻。可以适量增加蛋白质、维生素、不饱和脂肪酸的摄入，比如鸡蛋、核桃、鱼肝油、瓜子仁等食品。

6. 适度锻炼

可以选择散步、做体操、做瑜伽、打羽毛球、打乒乓球、打篮球等运动，运动后虽然肌肉疲劳明显，但是可以舒缓神经紧张。

7. 学会宣泄情绪

要学会及时地调整自己的不良情绪。有兴趣转移法（去做自己喜欢的事情，比如：听歌、唱歌、打球、画画等自己的兴趣爱好）；自我暗示法（每天对自己进行积极的心理暗示；比如：你是最棒的，考试还有很大进步空间，我准备得不错，考试我可以等）；游戏转移法（可以安排一定时间的游戏，可以自己一个人，也可以几个人一起，需要注意的是不可以沉迷）；深呼吸法（心情焦虑紧张时，可以试着深呼吸，让自己慢慢放松下来）等适合自己的疏解方法。

8. 选择医生及药物的帮助

如果日常基本的方法对缓解焦虑无效，那么你就需要寻求专业医生的帮助了，通过心理治疗得到鼓励及疏导，并由医生通过专业知识分析，找到原因，给予自己有效克服焦虑的知识和建议。必要时在专业医生的指导下进行相应药物治疗，也可以尝试一些有效的特色疗法，比如中医针灸、耳穴埋豆等传统疗法。

［附表］考试焦虑自测量表

下面的每一个句子都是你可能有的或曾经出现过的一般感受或体验，请认真阅读每一个句子，这里的答案无正确、错误之分，回答每一个问题时不必用太多时间去思考，但回答必须是最符合你通常感受的情况。每一个问题都要回答，每题有 4 个备选答案，根据自己的实际情况，在相应字母上打“√”，每题只能选择一个答案。

1. 在重要的考试前几天，我就坐立不安了。
   A. 很符合自己的情况　　B. 比较符合自己的情况
   C. 不太符合自己的情况　　D. 很不符合自己的情况
2. 临近考试时，我就会拉肚子。
   A. 很符合自己的情况　　B. 比较符合自己的情况
   C. 不太符合自己的情况　　D. 很不符合自己的情况
3. 一想到考试即将来临，我的身体就会发僵。
   A. 很符合自己的情况　　B. 比较符合自己的情况
   C. 不太符合自己的情况　　D. 很不符合自己的情况
4. 在考试前，我总感到苦恼。
   A. 很符合自己的情况　　B. 比较符合自己的情况
   C. 不太符合自己的情况　　D. 很不符合自己的情况
5. 在考试前，我总感到烦躁，脾气变坏。
   A. 很符合自己的情况　　B. 比较符合自己的情况
   C. 不太符合自己的情况　　D. 很不符合自己的情况

6. 在紧张的复习期间，我常会想到："这次考试要是得到个低分数怎么办？"

A. 很符合自己的情况　　B. 比较符合自己的情况

C. 不太符合自己的情况　　D. 很不符合自己的情况

7. 越临近考试，我的注意力越难集中。

A. 很符合自己的情况　　B. 比较符合自己的情况

C. 不太符合自己的情况　　D. 很不符合自己的情况

8. 一想到马上就要考试，参加任何文娱活动均没兴趣。

A. 很符合自己的情况　　B. 比较符合自己的情况

C. 不太符合自己的情况　　D. 很不符合自己的情况

9. 在考试前，老是预感这次考试将要考糟。

A. 很符合自己的情况　　B. 比较符合自己的情况

C. 不太符合自己的情况　　D. 很不符合自己的情况

10. 在考试前，常做关于考试的梦。

A. 很符合自己的情况　　B. 比较符合自己的情况

C. 不太符合自己的情况　　D. 很不符合自己的情况

11. 到了考试那天，我就不安起来。

A. 很符合自己的情况　　B. 比较符合自己的情况

C. 不太符合自己的情况　　D. 很不符合自己的情况

12. 考试铃一响，我的心马上紧张起来。

A. 很符合自己的情况　　B. 比较符合自己的情况

C. 不太符合自己的情况　　D. 很不符合自己的情况

13. 遇到重要的考试，我的脑子就比平时迟钝。

A. 很符合自己的情况　　B. 比较符合自己的情况

C. 不太符合自己的情况　　D. 很不符合自己的情况

14. 看到考试题目很多，我会感到很不安。

A. 很符合自己的情况　　B. 比较符合自己的情况

C. 不太符合自己的情况　　D. 很不符合自己的情况

15. 在考试中，我的手会变得冰凉。

A. 很符合自己的情况　　B. 比较符合自己的情况

C. 不太符合自己的情况　　D. 很不符合自己的情况

16. 在考试时，我感到十分紧张。

A. 很符合自己的情况　　B. 比较符合自己的情况

C. 不太符合自己的情况　　D. 很不符合自己的情况

17. 一遇到难题，我就担心自己不及格。

A. 很符合自己的情况　　B. 比较符合自己的情况

C. 不太符合自己的情况　　D. 很不符合自己的情况

18. 在紧张的考试中，常想些与考试无关的事情，注意力集中不起来。

A. 很符合自己的情况　　B. 比较符合自己的情况

C. 不太符合自己的情况　　D. 很不符合自己的情况

19. 在考试时，我会紧张得连平时记得滚瓜烂熟的知识也回忆不起来。

A. 很符合自己的情况　　B. 比较符合自己的情况

C. 不太符合自己的情况　　D. 很不符合自己的情况

20. 在考试时，我会沉浸在空想中，一时忘了自己是在考试。

A. 很符合自己的情况　　B. 比较符合自己的情况

C. 不太符合自己的情况　　D. 很不符合自己的情况

21. 在考试中，想上厕所的次数比平时多。

A. 很符合自己的情况　　B. 比较符合自己的情况

C. 不太符合自己的情况　　D. 很不符合自己的情况

22. 考试时，即使不热，我也会浑身出汗。

A. 很符合自己的情况　　B. 比较符合自己的情况

C. 不太符合自己的情况　　D. 很不符合自己的情况

23. 考试时，我会紧张地手发抖，连写字都很困难。

A. 很符合自己的情况　　B. 比较符合自己的情况

C. 不太符合自己的情况　　D. 很不符合自己的情况

24. 考试时，经常会看错题目。

A. 很符合自己的情况　　B. 比较符合自己的情况

C. 不太符合自己的情况　　D. 很不符合自己的情况

25. 进行重要的考试时，头就会痛。

A. 很符合自己的情况　　B. 比较符合自己的情况

C. 不太符合自己的情况　　D. 很不符合自己的情况

26. 如果发现剩余的时间已来不及做完全部的题，我会急得浑身出汗。

A. 很符合自己的情况　　B. 比较符合自己的情况

C. 不太符合自己的情况　　D. 很不符合自己的情况

27. 考试后，发现自己本来懂的题，却没答对，我会感到十分沮丧。

A. 很符合自己的情况　　B. 比较符合自己的情况

C. 不太符合自己的情况　　D. 很不符合自己的情况

28. 有几次重要的考试之后，我都腹泻。

A. 很符合自己的情况　　B. 比较符合自己的情况

C. 不太符合自己的情况　　D. 很不符合自己的情况

29. 我对考试十分厌烦。

A. 很符合自己的情况　　B. 比较符合自己的情况

C. 不太符合自己的情况　　D. 很不符合自己的情况

30. 只要考试不记成绩，我就喜欢考试。

A. 很符合自己的情况　　B. 比较符合自己的情况

C. 不太符合自己的情况　　D. 很不符合自己的情况

31. 考试不应当像现在这样在紧张的状态下进行。

A. 很符合自己的情况　　B. 比较符合自己的情况

C. 不太符合自己的情况　　D. 很不符合自己的情况

32. 不进行考试，我能学到更多知识。

A. 很符合自己的情况　　B. 比较符合自己的情况

C. 不太符合自己的情况　　D. 很不符合自己的情况

评分规则：A 得 3 分，B 得 2 分，C 得 1 分，D 得 0 分。各题分数相加即你的总分。总分焦虑水平：0~24 镇定；25~49 轻度焦虑；50~74 中度焦虑；75~96 重度焦虑。

三、人际交往障碍

（一）人际交往障碍的定义

人际交往障碍是指阻碍两个或两个以上人群交往的各种影响因素的总和。它贯穿在整个人际交往的始终。

（二）人际交往障碍的临床表现

青春期是一个人成长发育的必经阶段，也是认识世界并形成世界观的关键时期，是至关重要的人生节点。但是青春期的青少年因为学校、社会、家庭等多种因

素，产生了一系列的人际交往障碍，主要集中体现在以下几种人际交往障碍。

1. 认知障碍

认知障碍在青春期十分常见。其根源在于学生交往的特点。处于青春期的青少年以学生为人际交往主体，以学校为人际交往主要场所。学生交往有以下特点：一是理想化。进入青春期后，学生的自我及独立意识明显增强，常常对于自己交往的朋友设置了各种条件，但是由于其社会经历、知识不全面、接触人群有限、心理发育不完全等原因，设置条件与现实差距可能较大，以至于难以遇到心中理想化的朋友，进而出现了人际交往障碍。二是自我为中心。人际交往以自我为中心，人际认知的主观色彩过于浓郁，失去了客观性，造成了人际交往障碍。青少年常常过度关心自身，整天疑神疑鬼，看问题只是从自己出发，比如：同学A不小心把自己的衣服弄脏了，虽然诚恳地道歉了，但是自己由于衣服弄脏觉得没面子、回家可能还要被家长批评等因素，导致了对同学A印象很差。在以后的日常交往中，可能觉得同学A做什么事情自己都看不顺眼，对于同学A其他良好的品质及取得的优异成绩等均持否定态度，甚至怀疑自己交往的同学大部分不可信等。有时候，他们在人际交往中只顾自己的心理需求，不替别人考虑，认为自己喜欢看什么书籍，别人也喜欢看，自己喜欢吃什么食物，别人也喜欢吃，自己讨厌跑步，别人也一样讨厌等情况。

2. 情感障碍

青春期的青少年感情丰富，变化快，过度敏感，并且常常因不够全面和稳定产生了人际交往障碍。下面几种心理最为多见：

①自私心理：青春期的部分学生，自我中心意识过于强烈，只关心自己情感的抒发，开心时侃侃而谈，不开心时诉说自己的委屈，不顾及他人的想法，也不会倾听和吸取他人的建议，很容易出现同学不愿意和其交往的情况。

②嫉妒心理：嫉妒是在交往中由于自己的能力、成绩、名声等方面比不上别人，而产生的郁闷、愤怒等复杂的情感。比如有些人面对他人的进步及成绩，不仅不愿意去努力的奋斗，反而通过各种渠道对别人进行抹黑、侮辱等，企图通过这些不正当的手段达到自己摧毁优秀者、缩小两者之前的距离等目的，满足自己的心理慰藉，是一种损人害自的不良心理。

③猜疑心理：猜疑是个人在交往中，凭借自己主观意识的判断，产生的对周边事物的不信任的情感。有这种心理的部分学生，往往过度敏感，不仅怀疑他人在讨论算计自己，认为他人都是不友好、不诚实的，在人际交往中过分谨慎，过于在乎他人的脸色和言行。而且自己常常戴着面具与人交往，不表露真心，经常捕风捉影，自寻烦恼。

④自卑心理：有些人喜欢贬低自己，爱拿别人的优势跟自己的劣势相比，认为自己在有些方面比别人差。自卑感会让人产生“我很差”“别人太优秀，我不配和他们一起玩”等负面暗示，所以对自己信心不足，自我评价较低，盲目地指望别人、讨好别人，在交往中总是害羞、悲伤、沮丧等。

⑤自傲心理：有些人骄傲自满、自以为是，看不起别的同学，不仅喜欢对其他人进行评论，甚至吹毛求疵，自以为是，而且认识不到自身的不足，不屑于接受他人建议，不愿意扩大自己的认知范围，常常得意洋洋，无法开拓思维领域。

⑥冷漠心理：有些人只关心自己的事情，对于别的人或物均漠不关心，不尊重他人的言行，对他人冷漠，拒绝雪中送炭，甚至言辞尖刻、高谈阔论、态度消极，一副事不关己、高高挂起的态度。认为这就是自己独特的“性格”，交往过程中给人无法接近的立场。

⑦恐惧心理：有些人因为缺乏社交能力而惆怅，有与人交往的欲望，但是缺乏勇气。在与人交往时，希望可以给对方留下好的印象，抱有过高的交往预期值，使得其在交往过程中出现手抖出汗、支支吾吾、面红耳赤，甚至是呼吸急促、心慌憋气等“社交恐惧症”情况，所以，这类人群在人际交往时，大多采取逃避的行为，进行自我封闭。

⑧孤独心理：青春期身心快速发展，每个人的个性分化发展明显，部分人开始渴望与他人交往，希望与对方交流成长变化并得到其认可及相应建议，一旦这种需求无法得到满足，会快速产生孤独感，这时会慢慢开始远离他人，远离集体，独来

独往，成为他人眼中的“独行侠”。

⑨贪财心理：有些人认为人与人之间的交往就是为了利益，他们交往时对于对象的选择十分具有目的性，一般都是可以直接或间接地为自己创造利益，甚至达到目的后过河拆桥。

3. 人格障碍

人格是人在心理过程中稳定的长久地表现出来的心理特点。大致可以从气质和性格角度来看。

（1）气质大致分为以下四种分型：多血质（活泼型）、黏液质（安静型）、胆汁质（兴奋型）、抑郁质（抑制型）。

①多血质人群的特点是活泼好动、反应灵敏、思维敏捷，热爱交际，能说会道，但同时稳定性差，见异思迁、粗心大意。比如《红楼梦》中的王熙凤。

②黏液质人群的特点是稳重踏实、自制力强、忍耐力强、不卑不亢、认真严谨，但是反应低下，不够灵活，死板老旧、可塑性低。比如鲁迅。

③胆汁质人群的特点是直率热情、反应迅速、精力充沛、脾气急躁、感情具有外向性，但是为人处世容易感情用事，情绪波动大，工作周期性明显，一旦精力消耗完毕，就会丧失热情及信心。比如《水浒传》中的李逵。

④抑郁质人群的特点是情绪波动小、情感有力持久、观察细致、处事谨慎，但是容易多愁善感、敏感过度、行为孤僻，比如《红楼梦》中的林黛玉。

在人际交往中，不同的气质类型的人很容易产生矛盾，比如：胆汁性人群与抑郁质人群在交往中，胆汁型人群做事麻利，脾气急躁，面对抑郁质型人群的办事细致时，会觉得别人慢，对别人施以批评，此时抑郁质人群则会觉得胆汁型人群不可理喻，做事粗糙，缺乏条理，竟然还对自己发脾气，觉得十分委屈，此时人际交往就出现了矛盾，慢慢地，这两种类型的人可能出现人际交往障碍。

（2）性格大致可以分为外向型和内向型。外向型人群活泼、乐观、善于言辞、情绪变化快、幽默、令人信服等，而内向型人群安静、不喜欢与人群接触过多，对事物缺乏热情，对亲密人群之外的人保持距离。两种人群的特点使得他们之间的交往存在障碍。

（3）除了以上列举的气质和性格之外，还有一些是人格发育不健全，比如无缘无故生气、日常交往喜欢与人吵架、为人自私自利、自我满足、玻璃心等，均能引起人际交往障碍。

4. 能力障碍

有些人在交往时，存在着能力不足的表现。比如，想夸奖别人的成绩，但是又不知道从哪方面赞美，有时候甚至因为说话语气、表达方式的错误导致争吵；受邀参加一些户外活动，内心不喜欢，但却找不到合适的拒绝理由，最后去参加后自己不开心，邀请人也觉得没有意思等情况，进而出现了人际交往障碍。

（三）人际交往障碍的防治

人际交往障碍是一种常见的心理疾病，不利于个人的身心发展，在日常生活中，我们可以从以下方面防治。

1. 不断地提升自我

通过不断的学习，塑造健全的人格，提升自己内心的修养素质，通过以内养外来帮助自己的人际交往。比如培养自己的羽毛球爱好，通过羽毛球交际，会结识到一批喜爱羽毛球的人群。

2. 选择正确的交往对象

在选择交往对象时，我们要选择正直的、善良的人群，分辨其人品，不去与那些具有偷盗、喜欢欺凌他人等不良品性，甚至会危害社会的人群交往。

3. 记住别人名字

日常生活中，最常用的是“我”字，每个人都是自己的主角，记住别人的名字，会让人觉得受到重视，如果无法记住全名，也要尽量记住姓或名，用得当的称呼与人打招呼，会促进人际交往。

4. 学会换位思考，克服不良心理

人际交往中，不可能每次别人的观点或做法都符合自己的态度，因此要学会换位思考，要克服自私、猜疑、自卑、自傲、冷漠、恐惧、孤独、贪财等不良心理。

5. 学会交往适度

任何事情适度就好，比如交往时，不要对人冷漠，但是也不要一开始过度热情，会让他人觉得很尴尬，甚至怀疑你交往的目的；人无完人，对交往对象的期望值要适度。

6. 学会沟通的技巧

言为情生，在人际交往中，我们要举止得体，心平气和，精神饱满，学会赞美他人，培养幽默风趣的言行，学会倾听他人等。

7. 学会尊重他人，不随意评价他人

己所不欲，勿施于人。自己不喜欢的不要去强迫他人喜欢，要学会尊重他人，比如有些男生喜欢缝纫及手工，我们不要去嘲笑别人，要知道很多顶尖服装设计师都是男生。

8. 学会适度放松

积极寻找适合自己的放松方法，比如深呼吸，听音乐，散步，做瑜伽，打球，跳舞等方式。

9. 学会适时寻求帮助

在人际交往障碍影响到生活时，可以寻求老师、家长及专业医生等人的帮助，不要自己一个人硬扛。

知识加油站

目前，针对人际交往障碍主要的医学治疗手段有：系统脱敏治疗、催眠疗法、强迫疗法、情景治疗、认知疗法、根源治疗，必要时采取一定药物治疗。

四、自卑

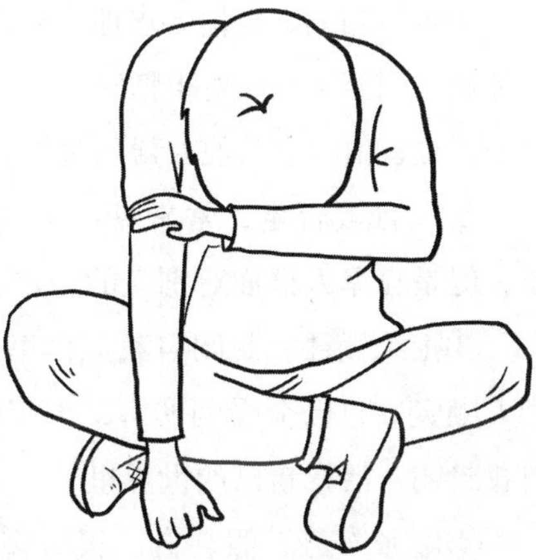

（一）自卑的定义

自卑的本质是自我评价过低，在与他人相比较时，因对自己过多的否定产生的一种消极心理。

（二）自卑的临床表现

自卑主要体现在认知、情绪及行为表现

3 个方面。

1. 认知偏差

一方面，自卑人群将自己评价过低，认为自己在学习、运动、素质等各个方面都永远比不上其他人，别人做什么都比自己做得好，无法客观地认识自己，常常拿自己的劣势与别人的优势相比，比如学生 A 的运动很差，经常觉得自己的 800 米跑步怎么也比不上运动健将 B，哪怕自己通过饮食、训练都无法追赶上，但是却认识不到自己的体操水平远远超过了 B，长此以往，学生 A 的自卑心理会越来越严重。另一方面，在自卑人群的认知形态里面，自我形象期望过高，经常会给自己虚构一些负面缺点，并对此深信不疑，比如：自己长得又丑又胖，每次出门都被别人指指点点，成为别人的饭后谈资等。

2. 情绪低落，过度敏感

自卑的人群会无缘无故感到郁郁寡欢、悲伤失望，精神恍惚不定，在为人处世、与人交往、学习运动等各个方面，会因为达不到自己预期的理想化目标，表现出情绪低落。面对人群交往时，因为自卑，他们常常选择逃避，自我封闭，以此保护自己，孤独感明显，也会扩大别人无意的举动，过度敏感，谨小慎微，比如秋秋因家境相对清贫，有一天上学穿了妈妈自己做的手工布鞋，小敏看到后认为十分具有特色，对此进行了一番夸奖，但是在秋秋看来，家境富裕的小敏的话语高高在上，说话阴阳怪气，自此以后就不再与秋秋交往。敏感多疑的人群会因为别人一个无意的举动，认为是对自己的批评，所以在人际交往中被孤立在人群之外。

3. 行为表现

①畏畏缩缩，害怕寻求他人帮助：自卑的人因为不自信，对自己的各项能力充满了怀疑，以至于在面对事情时，表现出畏畏缩缩、缺乏勇气和决心，既无法独自作出决定，也害怕寻求其他人帮助时受到嘲讽，所以面对挑战时，往往选择逃避。

②一旦被否定，常常惦记日久：普通人面对他人的否定，可能会鞭策自己进步，但是自卑人群面对别人的否定，会惦记日久，甚至出现仇视心理。

③拒绝交往，封闭自我：自卑人群认为自己各项能力都不足，害怕在交往时被别人嘲笑，自己会受到伤害，出于保护自己的目的，会选择拒绝与他人交往，进行自我封闭，活在自己的世界里。

④虚张声势，假装自己很厉害：自卑人群比普通人群会更加在乎自己的成绩、

家境、外貌等方面，所以在日常交往中希望用比较过激的言辞，甚至故意对别人犯的错误进行扩大批评，而假装自己这方面很厉害，来体现出自己的优越感，是一种扭曲的行为。

（三）自卑的防治

自卑会由于家庭、学校、社会等各种原因交织形成。我们无法去改变学校、社会这些外在的环境，所以我们防治自卑还是以自身主体作为出发点：

1. 正确认识自卑

自卑是全世界的人们都可能存在的一种心理，不是某一个或某一群人所特有的。自卑不可怕，它是普遍的，只是表现出来的方式及程度不同。

2. 正确认识自己和他人

青少年在认识评价自己和他人的时候要全面、辩证、客观，不仅看到长处和优势，也看到短处和劣势，既不妄自菲薄，也不妄自尊大。人无完人，没有人十全十美，要学会接纳自己和他人。

3. 积极完善自我

自卑人群在找到自己自卑的方向时，可以根据这个方向去发展、完善自己，比如自己因为肥胖而自卑，可以通过科学的饮食和适量的运动，来达到瘦身的目的，同时也要树立对于美的观念，不要因为一味地追求瘦而失去了健康，环肥燕瘦各有各的美丽。

4. 培养自己的特长

青少年可以将自己的爱好、特长罗列出来，这些可以给自己带来自信，同时可以去培养一些适合自己的运动、可以坚持下去的爱好，这样可以扩大我们的交友圈，接触不同的人群有利于开拓我们的眼界，在与别人相比较时，可以更加客观地评价，增加我们的自信心。

5. 着眼于当下

每天给自己定下目标，自己需要完成那些事情，完成后鼓励自己，这样可以让自己不再去纠结过去，也不去盲目幻想未来，让自己持之以恒去做每天的日程安排。

6. 学会调整心态

三十年河东，三十年河西。成功与失败，美丽与丑陋都只是相对的，关键是看人怎么想，比如在唐代是以丰腴为美丽，但是到了宋代则以细腰为美，所以对于不同的标准，结果可能不同，青少年需要做的是调整自己的心态，不去大悲大喜。

7. 掌握自我鼓励法

每天早上对着镜子说“今天又是美好的一天，你真棒”。面对困难时给自己打气，如“坚持就是胜利”“对于我来说困难的，对于别人肯定也不简单，我不比别人差”等一类的积极心理暗示，自我鼓励自己，建立自己的自信心。

8. 要主动去适应环境

不管是升学还是更换生活环境，青少年都要主动地去适应环境，不要因为环境的变化对自己产生负面的影响，比如求学时更换了学校，同学、老师、教学方式都改变了，如果一开始的考试很差，不要武断地认为自己学习很差，而是要入乡随俗，适应新的环境及新的教学模式，努力地去赶上进度，以提高自己的学习成绩。

9. 学会发泄自己的不良情绪

当青少年自卑时，这种不良情绪会让他们处理事情时感到恐惧，进而导致失败，失败后再次消极悲观造成自卑，这是一个恶性循环。此时青少年可以通过向他人倾诉、写日记、写私人博客、运动等方式将自己的不良情绪发泄出来，会让其逐渐转向自信，尝试事情，达到成功，更加自信的良性循环中。

五、早恋

（一）早恋的定义

早恋就是指过早的恋爱。此时个人的经济生活基本依赖家长，没有独立。并且距离国家法定结婚年龄还有一定距离的恋爱（国家法定结婚年龄：男生 22 岁，女生 20 岁）。

（二）早恋的特点

1. 朦胧性

早恋的青春期男女，虽然有着成人般的体型，但是对于怎么区分友谊和爱情、两个人的未来、怎么平衡恋爱和学业都缺乏理性的认识。这段时期双方处于对爱情的憧憬期，对于两个人的感情缺乏责任感，更多的是一种好玩的心态，其发展的最终结局不明确。

2. 隐蔽性

早恋人群因为大部分都是在校园发生，所以一般采取隐蔽的形式，如：手机QQ和微信等软件保持亲密联系，课间传小纸条或者信件，互相带早餐等。偷偷地进行约会，比如在操场或周末一起去看电影等，放学后一起走或者一前一后等。

3. 短暂性

成年人的恋爱一般目的明确，与他人一起组建家庭。但是早恋人群一般没有明确的目的，因此他们情绪波动大，使得早恋关系处于一种极不稳定的状态。一般恋爱时间不会很长，短则几天，长的可能有几年，在他们看来，只要对方满足长得美丽或者帅气，游戏打得好，唱歌好听等部分要求就行，这种感情纯真且浓烈。

4. 矛盾性

早恋青春期男女，矛盾性贯穿在整个过程：想跟喜欢的人告白，又害怕被拒绝；想跟爱慕的对象交往，又担心老师或者家长发现；早恋伴随着快乐和痛苦。

5. 差异性

因为早恋的青春期男女由于人生阅历有限，往往缺少人际关系处理的技巧，使得这段感情变数很大，不稳定，并且具有很大的差异性：在交往程度上，大部分早恋人群在一起主要是一起玩，交流感情；在人际关系上，大多数仍然是正常的朋友关系，极少数发生了性关系；在年纪的偏好上，女孩一般会爱慕比较成熟、年纪比自己大的男孩，相反男孩则喜欢年纪比自己小的女生，在交往过程中有保护欲，得到女方的信任。

6. 从众性

青春期男女在看到别人早恋时，往往也会去模仿、去追捧，如果自己没有早恋的话，会觉得很没有面子，这样一个学一个，使得早恋人群增多。

（三）早恋的利与弊

任何事情都有双面性，青少年要认识到早恋虽然有一定的好处，但是更多的是危害。

1. 早恋的好处

（1）提高社交能力：在早恋过程中，增加了与他人的交往频率，一定程度上有利于社交能力的提高。

（2）得到幸福感：早恋人群因为交往的密切，互相倾诉，填补了空虚的情感，得到了充分的关心，提升了自我的幸福指数。

（3）外表的改变：早恋让双方对自己的个人形象很重视，基本不会再有邋里邋遢的情况出现。

（4）自身能力的提升：有一小部分早恋人群，因为双方信念坚定，在共同的爱好、目标的作用下，互相激励对方前进，自身能力得到提升。

2. 早恋的危害

（1）干扰学习和生活：处于早恋时期的青春期男女，总是把恋爱放在生活的中心，情绪受对方影响大，大部分早恋同学基本出现“感情不断上升，成绩不断下降”的尴尬情况，尤其是女生。早恋的青春男女有很多成绩优异、出类拔萃的，但是因为过早地恋爱，使他们感到过度好奇、开心、迷恋，过分陶醉、沉溺对爱情的幻想中，再无法将全部的精力放在学习上。学习犹如逆水行舟，不进则退，现代学生学校功课多、课外特长学习班也多，学习压力大，一个人每天时间有限，就算把全身心的精力都投入进去，也会存在一些相对薄弱的科目，更何况分心在谈情说爱上面。早恋荒废的学业，其实就是自己毁掉的前程。万丈高楼平地起，青春期精力充沛，求知欲强烈，记忆、思维等都是最强，是学习的黄金时期，是青少年未来进入社会之前储备知识的基础时期，此时的早恋会影响其汲取知识、建立自己的人生观，不利于以后的人生发展。

（2）容易受到伤害：青春期男女的情绪波动大、心理脆弱、持久性差、经历挫折少，一旦两个人因为各种原因产生了矛盾，最后分手，会让其对爱情秉持怀疑态度，成年以后影响其择偶观，乃至于以后的性取向及婚姻生活。长期而持久的情绪波动，会让嫉妒、焦虑等不良情绪影响到身体，进而出现消化不良、腹痛等不适。甚至出现偏激行为：比如离家出走、殉情等。

（3）容易出现性过失：青春期男女身体逐渐发育，性意识逐渐苏醒，在现代各类网络信息的轰炸下，难以区别其中的好坏。早恋后对恋爱对象性欲望强烈，自己本身好冲动、自制力差，最后会导致情感失控，出现一些越轨行为，发生未婚性行为，甚至出现未婚先孕。对于女方来说，一般会选择流产，整个过程风险是很高的，不管是手术时的大出血还是成年后的不孕症等，对女方的身心都是极大的影响。有极少一部分人群会选择生育下来，但是这对感情双方的考验很大，此时他们不具备独立的经济能力，难以维持生活，有些人因为生下后没有能力抚养，做出了遗弃小孩的违法行为，造成了一系列的社会问题。对于男方来说，过早地承担超出其年纪的责任，很容易产生挫折感及自责感，不利于其以后的身心发育。

（4）早恋极难成功：早恋就像是一株不结果的花，虽然美丽，但是由于双方的幼稚及盲目，最后很难结果——走向婚姻，不管是双方的性格，还是家长、老师的干预，甚至是分班、升学、转学等客观环境，都可能都导致分手。

（5）脱离正常社交：虽然早恋可以一定程度可以提高社交能力，但是由于早恋的隐蔽性，他们的交往一般会规避人群，两人偷偷见面，不喜欢别人的打扰，长此以往，两人交往越密切，脱离人群就越严重，与同学之间的隔阂越来越严重，最后可能导致早恋双方被孤立。

（6）容易导致犯罪：早恋时，双方对自己的外在形象都十分关注，热衷于打扮自己，尤其是男方，不管是在追女方时的“糖衣炮弹”，还是交往后的日常消费，常常不计后果地花钱，在超越生活费的预算后，可能会铤而走险，做出一些违法乱纪的事情来，比如：偷盗等。还有可能出现因为争风吃醋而打架斗殴，此过程中导致误伤犯罪的概率也很大。

（四）如何预防早恋

青春期花季的恋爱，虽然是美好的，但是如果处理不好，对自己的一生都会产生严重的危害，青少年要时刻警惕，防微杜渐，避免在不合适的时间产生恋情。预防早恋，不管是青春期男女，还是家长、老师、社会，都可以采取一些措施。

1. 正确认识早恋

虽然青春期男女学生之间有好感是生理、心理和社会共同影响下的结果，也是成长的必经之路，但是青少年仍然要清晰深刻地认识到早恋的危害。

2. 正确处理爱慕之情

青春期时渴望和异性交往，有自己爱慕的对象，这是很正常的，如果完全没有一丝丝想法，那才不正常。青少年要学会处理花季的爱慕之情，把感情放在心底，让其成为动力，去把自己变得更优秀。没有哪个女生会喜欢无所事事、邋里邋遢、什么都做不好的男生，也没有哪个男孩喜欢无知丑陋、没有涵养的女生。我们要理智地控制自己的爱慕之情，不要任其泛滥。

3. 正确处理男女之间的交往，把握异性交往的度

有些人谈恋爱，其实不是谈恋爱。可能只是一种模糊的喜欢，有共同爱好和语言的玩伴，要知道喜欢并不代表爱。比如家长也有玩得好的异性朋友，但是这并不是谈恋爱。爱的内涵很广泛，与父母之间是亲子之爱，与老师之间是师生之爱，与同学之间是友情之爱。所以我们在与异性交往时要把握这个度。

（1）自然交往。在和异性交往的时候，不管是交流的语言、面部的表情、肢体动作，还是情感的外放和所思所想都要流畅、自然，不过度夸张，不言辞闪烁，也不矫揉造作、自以为是。建立正常异性之间的关系的首要条件是消除异性交往中的不自然感。消除这种不自然感的做法是，看待异性同学就像看待同性同学一样，构建异性关系像构建同性关系一样，和异性交流沟通就像和同性同学一样交流沟通。不要因为异性的原因让同学之间的关系变得不流畅、不自然。

（2）适度交往。异性之间交往的程度和形式要适度，应该是被大多数人所接受并理解的。既不要在异性交往的过程，过早地产生爱情，也不要因为逃避、拒绝异性的爱慕之情，使得双方身心受伤。当然，有时候即使做到了适度交往，仍然有些人无法接受理解，青少年只要做到心中无愧，就不必过多担忧，毕竟众口难调。

（3）真实坦诚。结交异性朋友要像结交同性朋友一样心地坦诚，自然大方，热情而不轻浮，这是一种交往的态度问题。

（4）留有余地。虽然是真实坦诚地结交朋友，但是毕竟男女有别，不能完全毫无保留，青少年在异性交往时要保持一定距离，防止发生身体上的接触，避免做出超过异性交往范围的举动；交流沟通时涉及一些敏感话题要注意避免，比如两性关系等。青少年要尽量避免与异性单独相处，如果情况特殊需要单独相处，要尽量选择人多的公众场合，当长期和某一位异性交往时，青少年一定要学会掌控好双方关系，不要造成不必要的麻烦。

4. 要注意精神卫生

不浏览不健康的网页，不看不适宜的报纸、杂志、电视剧、电影，青春期时期全身心地投入到学习中去。

5. 家长学会正确引导和沟通

家长是孩子最好的老师，是孩子健康成长的引导者。面对青春期子女生理和心理的发育，以及伴随成长所带来的问题，家长要有新时代的思想，不要老是用老一套的“棍棒下出孝子”，什么事情都依靠暴力解决，要学会与子女进行及时有效的沟通，以尊重、真诚、平等的态度，学会去发现问题并提供解决问题的思路，给予他们足够的关怀。指引他们直视自己青春期情感的变化，教导他们在什么年纪做什么事情，如果发现孩子已经早恋或者有早恋的趋势，要用科学的方式将他们的注意力转移到学习上，帮助他们制定短期目标以及对未来的期许，鼓励其多参与课外活动，多培养自己的爱好，充实自己的生活，多去看优秀进取的文学作品及影视作品，多交善友，学会各阶段要做的事情。

6. 老师了解、信任和关心学生

作为一名人民教师，要与学生建立和谐的师生关系，取得学生的信任，关心学生，及时了解学生的需求，开展相关问题的班会，为学生答疑解惑，面对学生早恋，宜疏不宜堵，要对早恋的同学进行合适的沟通及疏导，并努力打造一个积极进取的班级，让同学们互帮互助，团结友爱，平时多开展健康向上的班级活动及相关主题活动，使学生正确认识朦胧的青春期情感，并学会自制和自我约束，主动抵制不良影视作品、书刊、小说等。老师要帮助学生塑造健康的心理，这样有利于学生正确的人生观、价值观、世界观、良好的性格和修养的形成。

7. 家校合作正视解决早恋问题

家长和老师可以一同协作，帮助学生增加对早恋的认识，正视早恋，引导他们形成正确的价值观，人生观、爱情观，鼓励他们多参加一些健康有益的活动，比如学习舞蹈、练习书法，阅读名著、校外旅游等，在充实学生的同时，帮助他们学会面对生活，面对自己的个人世界，把精力放在学习和追求理想上面。鼓励并相信他们可以自己有勇气去面对并解决问题。

8. 学校做好青春期相关知识教育及科普

青春期男女由于生理、心理的相继成熟，对异性的好奇心在不断增强。这种情况是正常的，是一种不以外物为转移的感情体验。学校不需要去限制、压抑这种正常的异性交往欲望，而是要帮助他们树立正确的恋爱观，分清什么是爱情，什么是友情。学会控制自己不合时宜的感情，不去“谈性色变”，要积极进行青春期健康科普教育。教会他们正确认识男女不同的性生理和心理发展的特点，大方坦然与异性进行交往，打破对异性的好奇，为他们营造异性正常交往的氛围，懂得如何交往，学会自尊、自立、自爱，并懂得两性的道德规范。这才是能解决学生早恋问题的根本方法。

六、叛逆

（一）叛逆的定义

叛逆指的是反叛的思想或行为，是一种强烈的自我表现欲。

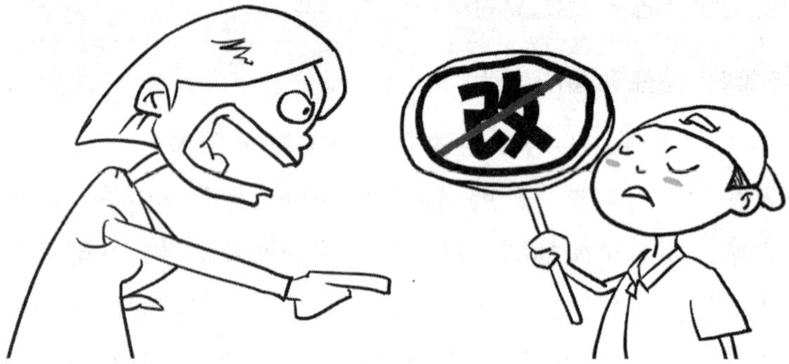

（二）青春期叛逆的表现

青春期身心的逐步发展，从依赖变独立，自我意识十分强烈，其叛逆情况很常见，主要有以下表现：

1. 以自我为中心

青春期叛逆者认为自己已经长大，喜欢自己做决定，并且认为自己做的事情都是对的，面对别人的意见和建议，他们会很武断地拒绝，不去深究其利弊，总是一副我行我素的处事原则，从各个方面来表达自己的独立性。怀疑一些规章制度的合理性，并希望废除，比如学校不准染发，他们却认为染发可以彰显每个人不同的个性，这一条应该被废除。

2. 讨厌管教，常常在反抗

面对父母和老师的管教，一点都听不进去，有时候听得不耐烦了，会和父母顶嘴，父母说一句，他们可以反驳十句。父母让他们怎么样去做，他们就往完全相反的方向去做。如果父母反复因为同一件事对他们进行教育，会使他感到厌恶，可能有过激行为出现，比如：暴力相向。在学校，觉得老师很烦，什么都不知道，张口闭口就是对老师说"别管我"，经常在课堂顶撞老师，并且觉得这样做很有面子。总是在挖苦教育，认为读书是在做"无用功"，嘲笑那些成绩优异或进步明显的同学，鄙夷那些比他们优秀的人群，反而去赞扬追随那些学习、品性行为差的同学，甚至结交社会上的不良人群，还去学习抽烟、喝酒、打架斗殴、骗人、泡吧等恶劣行为，总之，他们是和家长、老师、学校等对着干，越让做什么就越不去做什么，越不让做什么就越去做什么，常常自以为是，愤世嫉俗。

3. 十分偏执

叛逆的人群十分偏执，用一个字形容就是"犟"。他们会无理由地去信奉某些说法，比如老师就是"臭老九"。当某部电视剧、电影或者综艺大热时，喜欢上某个明星，因而去购买各种与之相关的产品，不考虑自己的经济能力，甚至为此去偷盗，做出一些很疯狂的行为举动。

4. 封闭自我

不愿意与家长、老师、朋友沟通，把什么事情都埋藏在心底，不愿意向他人吐露心声，不想让任何人知道自己的秘密，面对他人的关心和询问，一般采取沉默的方式，日记本、私密日志成了他们抒发情绪的主要通道。

5. 容易冲动

他们经常无法控制住自己的脾气，面对一点小事情就开始骂骂咧咧，情绪波动很大，短时间内无法冷静下来。有时候脾气上来了，不计后果地说出一些违心的话语或者做出粗暴的行为。事后自己常常会懊恼：刚刚我不想那样做的，但是不知道为什么控制不住自己。如果有谁伤害到了他们，他们也会不惜一切代价地报复那个人。

6. 强烈的虚荣心

不管是自己的外貌、穿着打扮、个人配饰，还是自己的家庭等各个外在方面，他们都喜欢去和别人攀比，却疏忽那些内在的优秀品质。喜欢去炫耀那些昂贵的、独特的物品，希望得到别人的赞美，当发现自己某些方面比别人差时，会想尽一切办法去得到更好的。

7. 厌恶学习

认为学习没有什么用处，不读书以后也会赚大钱，面对家长。老师对他们的学习成绩的期望，常常觉得压力过大，进而产生厌学情绪，渴望自由，经常在课堂上睡觉、逃课甚至私自退学。有时候整天痴迷于在网吧打游戏，家里的电脑还不想用，对于家长“读书改变命运”的理论不屑一顾，有时候在极度厌恶家长的说教后，选择离家出走。

8. 关注异性

青春期的孩子随着生理、心理发育，对异性的好奇心越来越浓厚，喜欢去跟异性交往，可能出现爱慕之情，甚至出现早恋的情况。但无法辨别喜欢和爱的区别。家长和老师越是明令禁止，他们就越叛逆。

9. 拒绝寻求他人帮助

青春期的孩子认为向他人寻求帮助是一件很没有面子的事情，显得自己的能力很差，所以在面对疑难情况时，他们拒绝寻求他人帮助，喜欢自己一个人硬扛。

（三）青春期叛逆的危害

青春期叛逆常常让青春期男女采取与正确行为相反的行为，如果这些行为长期得不到正确的引导，他们与朋友、亲人、老师的关系会越来越恶劣，严重影响个人身心发展，会导致他们形成不合群、孤僻、猜疑、暴躁、对抗社会、怨恨的病态性格，无法坚定理想信念，生活缺乏激情、学习缺乏动力、生活缺乏色彩，严重的还会产生犯罪心理和病态心理。

（四）青春期叛逆的预防及应对措施

对于青春期的叛逆言行，我们可以从以下 4 个方面进行预防和应对。

1. 从青少年来说，要认识叛逆期的存在，并努力地适应并克服。

（1）不以自我为中心，真诚地接受对自己有利的建议和来自家长和老师的正确管教，不自以为是，不排斥他人。

（2）不偏执、不虚荣、不早恋，学会敞开心扉地与同学、家长、老师交流沟通，让他们知道自己的真实想法。

（3）面对事情不冲动，自己理解的要接受，不理解的要冷静对待，不感情用事。

（4）学会体谅他人，面对老师、同学、家长的不理解，要学会体谅，不去固执地认为别人是在刻意针对自己。

（5）积极锻炼身体，生命在于运动，通过运动保持身体健康，提高免疫力，疏通全身经络和疏解不良情绪。

（6）努力学习，争取考上好的高中和大学，为以后进入社会、完成人生理想打下坚实的基础。

2. 从家长来看，在日常生活中要做到以下几个方面。

（1）营造良好和谐的家庭氛围，家庭教育是社会和学校教育的基础，良好和谐的家庭氛围有利于孩子的身心成长。

（2）选择民主型的家庭教养形式。强调父母要与孩子进行真诚的沟通，做彼此真正的朋友。

（3）批评的时候给予一定的鼓励，学会站在孩子角度想问题，多给孩子一些理解和宽容。

（4）起到表率作用，用自己的言行来给孩子做标杆。

（5）给予孩子足够的尊重。比如在未经孩子允许的情况下，不随便翻他们的日记等私人物品。家里有什么重大决定时，与孩子进行必要的沟通。

（6）满足孩子的归属需要。孩子也是家庭的一分子，家里的事情孩子有权利知道并发表自己的意见，让孩子有归属感、参与感，并承担起属于自己的那一份责任。

（7）对待孩子要有耐心，要给予足够的关怀。不要对孩子进行恐吓威胁。不将孩子与他人作比较。

（8）给予孩子自由的空间，不去控制孩子。

3. 从老师来看，自己教导的学生出现叛逆情况，可以从以下方面着手。

（1）放低姿态，跟学生做朋友，在交流沟通时不居高临下，不用命令的语气。

（2）弄清楚学生叛逆的原因，并开展针对性的教育，对于有叛逆言行的学生给予更多的关注，发动班干部和其身边关系密切的学生多关心他们，一旦有什么出格行为及时上报，避免其出现不可挽回的后果。

（3）全面了解学生心态，及时给予心理疏导。学生叛逆，是有一定心理原因的，但是每个学生都不同，老师要全面去了解，可以利用课间休息时间面对面地交流，如果感觉自己的谈话作用较少，心理疏导不成功，建议请求学校心理室的帮助。

（4）肯定学生的进步。对于叛逆的学生而言，在自己进步时得到老师的肯定，有利于他们增强自信心，增加对老师的信任度。

（5）建立一个良好的班级氛围，开展相应的主题班会，管理班级时发挥每个人的能动性。

4. 从学校方面来看，现在全国是九年义务教育，刚步入青春期孩子大部分时间是在学校度过。学校是孩子青春期启蒙的阶段，对孩子影响巨大。学校要从以下方面做起。

（1）营造健康的风气和良好秩序。

学校需要加强校纪、校风建设，祛除精神污染的信息，传播健康、积极向上的观点及理念，从而慢慢地缩小叛逆心理的发育温床。学生具有从众心理，学校要消除学生叛逆心理所造成的不良行为影响，比如迟到、早退、逃学等。

（2）增加学生的课外实践活动。青春期学生在参加实践活动中，可以调整自己的不良情绪，减少叛逆的出现。

（3）举办全校类型的健康讲座，帮助学生从容应对青春期的变化，平稳而愉悦地度过这一人生关键时期。

七、青春期饮食障碍

（一）饮食障碍的内涵

饮食障碍是指由于生物、心理、社会等多因素导致的精神类疾病，比如厌食、贪食、异食、偏食等。其中青春期的主要饮食障碍是神经性厌食和神经性贪食，有时候两者可以相互转化，相互影响。

（二）饮食障碍的危害

饮食障碍是不正常的饮食方式，其危害巨大，我们可以从中医学和西医学两个方面认识。

中医学认为，“形神合一”，正如张景岳所说“无形则神无以生，无神则形无以活”，“形”与“神”是不可分的，“形”是“神”的基础，“神”能协调“形”的平衡，以适应环境的变化。饮食障碍导致人体的气血津液生化无源或者运化无力，使得形体发育不良，五脏六腑失衡，精神疲倦，情志抑郁。

西医学认为，饮食障碍主要会导致以下危害：

（1）形体发育不正常，出现过瘦或肥胖等。

（2）出现一系列的生理疾病，如内分泌紊乱、心血管疾病、胃肠道疾病等。

（3）导致心理疾病、情绪障碍，如抑郁症、焦虑症、选择困难症等。

（三）神经性厌食症

1. 神经性厌食症的定义

神经性厌食症是一种因进食障碍导致的身心疾病，表现为进食行为异常，女性发病高于男性。

2. 神经性厌食症的表现

（1）饮食上不愿意吃碳水化合物和脂肪，比如米饭、面条、包子、各种肉类等，进食以蔬菜、水果为主，并且量十分少，部分人会在进食后催吐。

（2）体重下降明显，且畏惧长胖。

（3）体重认知扭曲，可能已经很瘦了，仍然认为自己偏胖，并且没有饥饿感，追求病态的瘦的形体美，不顾身体健康。

（4）由于长期进食不足及体重的丢失，出现身体不适及相关疾病，比如体温下降、水肿、心率过缓等。

（5）行为举止孤僻，常常伴有焦虑、抑郁、强迫等心理疾病。

（6）青春期集中表现在性心理发育迟缓，女生还可能会出现闭经、皮肤粗糙等情况。

（7）拒绝因为自己的这种异常进食行为去医院就诊。

3. 神经性厌食症的诊断标准

（1）通过有意控制进食、过度运动、进食后催吐、导泄、服用药物等方式来达到降低体重的目的。

（2）体重下降明显，与其年龄和身高的标准体重相比减少 15% 或以上，用体重指数计算的话，BMI 为 17.5 甚至更低（标准体重千克数 = 身高厘米数 –105；BMI= 体重千克数 ÷ 身高平方米，一般为 18.5~24.9）。

（3）担心发胖，甚至明显消瘦仍然认为自己太胖，来自医生专业的意见无效。

（4）女性闭经（持续3个月及以上未来月经），青春期前的患者的性器官为幼稚型。

（5）不是任何一种躯体疾病所致的体重减轻，节食也不是任何一种精神症状的继发症状。

（6）症状持续 3 个月及以上，可有间断性暴饮暴食。

（7）相关检查：如颅脑 CT、性腺激素等测定。

4. 神经性厌食症的防治

青春期出现神经性厌食症的原因很多，但是目前其发病机制尚不明确。青春期的生长发育需要充足的营养，神经性厌食症会因营养不足对生理功能及心理健康产生巨大的损害，我们可以从以下方面入手防治。

（1）建立正确的审美观念，不要单纯认为瘦就是唯一的美丽，不去盲目追求时尚，提高对自我评价的能力。

（2）饮食上少食多餐，最好可以做到定时定量，多注重蛋白质、脂肪、碳水化合物的补充，少喝或者不喝咖啡、碳酸饮料，避免造成食欲的降低及饱腹感的假象。

（3）尽量在饭后不独处，减少自己催吐的可能。

（4）自己要保持心情愉悦、生活规律。

（5）在无法自我控制进食时，及时到医院就诊，选取合适的治疗方式开展治疗，如心理辅导、西药、中药、针灸等。

温馨小贴士

神经性厌食症患者适宜的食物

神经性厌食症患者的饮食整体以健脾开胃为主，应吃可以补益脾气的、容易消化的、营养丰富的食物，不吃寒凉、甜腻的、不宜消化的食物。

1. 谷物和豆类：黄米、小米、薏米、玉米、燕麦、芸豆、红豆、豆腐、腐竹等。

2. 肉类、蛋类、奶制品：鸡肉、牛肉、羊肉、兔肉、猪肉、鱼肉、鸭肉、鸡蛋、鸭蛋、鹅蛋、牛奶、羊奶、酸奶等。

3. 蔬菜类：胡萝卜、山药、土豆、红薯、南瓜、藕、包心菜、菠菜、茄子、黄瓜、金针菇、西葫芦、丝瓜等。

4. 水果：猕猴桃、葡萄、人参果、金橘、苹果、木瓜、无花果、杨梅、蓝莓、柚子、香蕉、百香果、杨梅等。

5. 茶饮：大麦茶、荷叶茶、玫瑰茶、山楂茶、冬瓜茶、决明子茶、陈皮茶等。

神经性厌食症患者不适宜的食物

1. 烧烤、腌制类食品。

2. 油炸，霉变食物。

3. 零食。

（四）神经性贪食症

1. 神经性贪食症的定义

神经性贪食症是以反复发作的暴饮暴食，以及控制体重的强烈愿望的一种进食障碍。大多数是神经性厌食症的延续者。男女患病比例为 1 : 10。

2. 神经性贪食症的表现

（1）有暴饮暴食史，进食前痛苦，进食时痛苦，进食后痛苦，进食量比正常进食大很多，常常是自己吃撑。

（2）过分关注自己的外在体形，不会像神经性厌食症患者对自己体形认知错误：明明很瘦，仍然觉得自己很胖。而是自己知道自己很瘦了，或者目前身材很匀称，但还是对自己形体感到不满意。

（3）在神经性贪食刚开始时，他们对自己的暴饮暴食感到很不好意思，一般是远离别人视线，自己独自一人进行。

（4）对肥胖有恐惧感，在暴饮暴食后立刻采取不恰当的补偿措施，来防止变胖，平均频率是一周 2 次及以上，并且持续 3 个月以上。

（5）控制体重的不恰当补偿措施主要有：减少食物摄入，主要是自主诱发性呕吐，用手、器械、喝肥皂水、催吐剂等，在身体形成条件反射后，他们只要一想到恶心、呕吐等场景时，不用借助外物也可以自己呕吐出来；通过增加每天的食物排出量，比如使用泻药甚至灌肠；增加身体消耗，主要是通过大量过度的体育运动，一般都对日常生活有影响。

（6）神经性贪食症在早期是对进食的行为的自制力变差，到了后期的控制能力会完全破坏。

（7）人际关系恶劣、情绪低落、为控制体重采取节食后的饥饿感、转移悲伤情绪、缓解压力等情况均可能诱发暴饮暴食行为。

（8）可以伴有一系列疾病，甚至危及生命：电解质紊乱、反流性食管炎、胃部痉挛、抑郁、焦虑、狂躁等。

3. 神经性贪食症的诊断标准

（1）存在一种持续的难以控制的进食和渴求食物的优势观念，并且患者屈从于短时间内摄入大量食物的贪食发作。

（2）至少用下列一种方法抵消食物的发胖作用：自我诱发呕吐；滥用泻药；间歇禁食；使用厌食剂、甲状腺制剂或利尿剂。

（3）常有病理性怕胖。

（4）常有神经性厌食的既往史，两者间隔数月至数年不等。

（5）发作性暴食至少每周 2 次，持续 3 个月。

（6）排除神经系统器质性病变所致的暴食，及癫痫、精神分裂症等精神障碍继发的暴食。

4. 神经性贪食症的防治

（1）建立正确审美观念，不去过度地减肥节食，避免神经性厌食症的出现。

（2）学会释放自己的不良情绪，保持良好的心态，比如跳舞、听音乐、看电影、跑步、游泳等。《灵枢·本神》说到“忧愁者，气闭塞而不行”，我们想要控制进食行为，就要疏肝解郁，调理气息，先使腑气通畅，胃能受纳，这样才可能进退有度。

（3）建立良好的人际关系，与朋友、老师、家长等及时沟通，和谐相处。

（4）调整自己的饮食习惯，控制自己的进食行为，制定适合自己的进食计划，达到营养均衡。可以食用酸奶、低脂或脱脂牛奶、乳酪、干酪等乳制品；面条、米饭、燕麦等碳水化合物；鸡蛋、鱼、牛奶等优质蛋白；还有各种时令蔬菜、水果等，避免食用零食、油炸食品等。

（5）当自我调节无效，因为暴饮暴食已经影响到身心健康时，建议及时去医院就诊，选取合适的心理疏导、药物及针灸、穴位贴敷等相关治疗手段。

八、青春期综合征

（一）青春期综合征的定义

青春期综合征是青春期男女在发育期的生理失衡引起的心理失衡疾病。“青春期综合征”这一名称是从更年期综合征演绎而来。由于其根源是青春期性激素的快速增高，自我意识增强，对挫折感反应巨大等因素导致，所以也称为“青春挫折综合征”。

（二）青春期综合征的功能失衡

1. 脑神经功能失衡

脑神经功能失衡表现为注意力涣散，不由自主地胡思乱想，上课时思想天马行空，无法集中精力上课，思维紊乱。睡眠习惯日夜颠倒，睡眠质量差：在晚上本应该睡觉的时间却精神亢奋，无法入睡，或者睡中多梦，睡后易醒；到了白天，整个人感到精神疲倦，昏昏沉沉，睡意强烈。

2. 性神经功能失衡

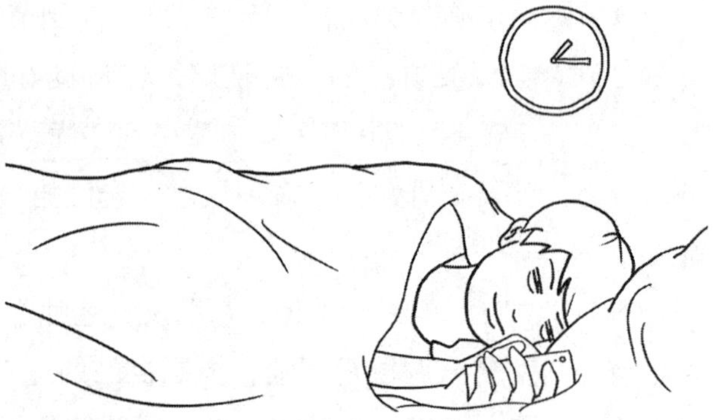

性神经功能失衡表现为性冲动强烈，且发生频率高，对此感到很新奇，养成了过度手淫的习惯，且常常无法通过自制力纠正。但是由于频繁手淫，对性器官刺激过度，导致性神经兴奋慢慢向性神经疲劳发展，身体快感减弱，性兴奋持续时间降低，可能会导致性器官的发育不良，生殖器出现疼痛、瘙痒、红肿、异味等情况。男性还可能出现滑精、遗精，甚至精索静脉曲张、前列腺炎等情况；女性还可能出现白带异常、阴道出血、小便疼痛，甚至乳房发育不良等情况。

3. 心理功能失衡

以上两种失衡主要是青春期的生理失衡，在生理失衡后会导致心理失衡，出现抑郁、焦虑、慌张、自闭、自卑、多疑、恐惧等情况，隐藏在表面乐观开朗的内心深处，充满了困惑和悲伤、无可奈何及迷茫，可能会逐渐出现厌学、逃课、自我封闭、打架斗殴、抽烟饮酒、早恋、未婚性行为、自杀等不良行为。长期的心理失衡，也会反过来影响到生理，还会出现发育不良，体重不断上涨，身高生长却很慢，第二性征发育迟缓，头晕眼花，心慌胸闷、浑身无力、面色萎黄、颈肩疼痛等。

（三）青春期综合征的主要特征

1. 过度关注自己的体貌

对身高、体重、衣服、颜面等外在体貌十分敏感，甚至可以说过度苛求。当别人对自己外在体貌提出不满意的地方时，会感觉自己遭受了巨大的打击，需要去采取一定的措施挽救，比如肥胖就会节食、过度运动；皮肤黑就去选择一系列的美白产品，做各种防晒；甚至面对颜面部五官不满意时萌生整容的想法，在成年后付诸实践等。

2. 对异性特别敏感

青春期男女性随着性意识、性心理的发展，会对异性的言行很关注，且十分在意异性对自己的评价，有时候异性对自己稍微关心一点、多说了几句话就认为是喜欢自己，当这种敏感的情感得不到正确的引导和疏通时，就会产生焦虑、自卑等负面情感。

3. 情绪不稳定

人们常常用“六月的天，说变就变”来形容青春期男女的情绪变化，自我控制能力弱，容易冲动、脾气暴躁，女性则主要是情绪低落、多愁善感。在面对学习、生活、交友等方面出现重大波折时，会感到极度失望和沮丧，容易去做一些莽撞的事情。

4. 心灵空虚

这种情况的出现往往是在受到挫折之后，选择逃避现实，高度自我怀疑，面对生活，对任何事情都缺乏兴趣，哪怕是自己之前的爱好，也无法兴奋起来。时间久了会有孤独感，慢慢地思维变得迟钝，不想再去花精力思考事情，心灵逐渐变得空虚，这是青春期综合征中负面影响最为严重的心理失衡现象。如果得不到及时疏导，会导致抑郁症、强迫症等心理疾病。

（四）青春期综合征的防治

青春期是人生的必经阶段，面对青春期综合征时可以从以下方面入手。

1. 正确认识青春期综合征

青春期综合征不会对自己的生命产生威胁，但会对自己的学习成绩、日常生活、未来发展等有极大的负面影响，不要逃避面对，在端正认识后及时调整治疗。

2. 正确认识评价自己

自我认识越高，对自我的接纳程度就越高，对社会适应能力就越强，越有利于心理健康。

3. 提高受挫折的能力

挫折是人生必不可少的一部分，包括挫折情景、挫折认知、挫折反应。我们可以通过对自己或他人挫折的情况、思考应对方式、结果预期等多种方式，来获取挫折体验，并提升受挫能力。

4. 提高情绪自制力

面对事情变化时，不要情绪波动过大，要知道事情发展是客观的，自己的主观愿望不会让事情的进展产生太大的变化。要学会冷静去思考解决方案，减少消极情绪的产生。

5. 扩大交友范围

积极参加一些集体活动、课外活动，去结交不同类型的朋友。

6. 学习相关青春期生理卫生知识。

7. 生活规律，增加兴趣爱好

不要日夜颠倒，如果晚上睡不着，白天可以适度锻炼，在睡觉前泡脚，增加一些兴趣爱好，比如画画、跳舞、朗诵、游泳等，可以充实自己的生活。

8. 学会及时沟通

在青春期面对自己出现的身心问题及困惑要及时与家长、老师沟通，寻求来自他人的理解和帮助，及时地去纠正，不要犹豫、拖延，不敢开口。

9. 家长要正确认识并给予帮助

认识到青春期综合征的子女的学习退步、精神萎靡、厌学等情况，要理解这不是孩子不想学习好，也不是道德品质问题，而是因为青春期综合征的功能失调，要给予孩子充分的理解，及时主动地去帮助孩子度过这段艰难的时期。

温馨小贴士

青春期男性日常生理卫生注意事项

☆选择内裤不宜过小过紧，要合适宽松为宜。

☆勤换内裤，穿干燥透气的纯棉面料为宜，尽量不穿化纤类面料。

☆每晚用干净的温开水清洗外生殖器，洗澡时一定要把包皮翻过来用水冲洗干净。

☆踢足球等剧烈活动是要注意保护外生殖器。

☆避免过度手淫。

温馨小贴士

青春期女性生理卫生注意事项

预防及改善痛经

☆注意均衡饮食，不过度节食，不暴饮暴食。

☆注意保暖，避免受凉，小腹部可以外敷热水袋。

☆保证充足的睡眠，避免熬夜。

☆放松心情，保持心情愉悦，避免忧郁、焦虑等不良情绪。

☆适度控制运动量，注意休息。

☆若出现长期持续性痛经或者疼痛剧烈无法忍受，建议在家长带领下到医院就医，在专业医生指导下使用止疼药物或针灸等理疗方式，必要时完善相关检查。

注意经期卫生

☆每日更换内裤。

☆勤洗热水澡，不洗冷水澡，每日淋浴清洗外阴。

☆不与他人公用毛巾、内衣。

☆将清洗外阴、脸、脚等部位的毛巾、盆均分开。

☆尽量擦拭外阴从后往前，肛门则从前往后，可以避免一定程度的感染。

☆注意保暖，避免受凉，如不喝冰水，不坐凉席等。

☆选择质量安全的卫生巾或卫生棉条，并及时更换卫生巾或卫生棉条（2~3 小时 / 次）。

九、强迫症

（一）强迫症的定义

强迫症是以强迫症状为主要临床表现的神经症，是焦虑障碍的一种类型。

（二）强迫症的特点

1. 有意识的自我强迫和自我反强迫同时存在，两者的尖锐冲突会使人焦虑、痛苦。

2. 深知强迫的观念及冲动是来源于自己本身，但违背自己的意愿，虽然竭尽全力抵抗，却无法控制。

3. 自己可以意识到强迫症状的异常性，但是无法摆脱。

4. 社会功能会遭受严重损害。

（三）强迫症的表现

强迫症的临床表现主要是强迫思维和强迫行为。

1. 强迫思维

强迫思维可以分为强迫观念、强迫情绪、强迫意向等多种形式。

（1）强迫想象：明知道有些事情不会发生，自己还是胡思乱想，无法克制自己，甚至产生恐惧，比如去文具店买笔时，结账出门后，老是觉得老板马上要出来找自己，认为存在错漏的款项；在学校时，有异性看了自己一眼或者跟自己说了几句话，就会想象对方喜欢自己，想要追求自己等。

（2）强迫回忆：反反复复去回忆自己曾经做过的事情，明知道有些是毫无意义的，仍然无法控制不去想，比如自己考完试后，反复去回忆自己是不是把答题卡填错了，然后陷入填错答题卡、考试成绩差等一系列焦虑中；需要全身心投入考试复习时，却突然出现某次和人吵架的细节，某个电视剧的场景等，对此深感懊悔，却无法控制自己不去想。

（3）强迫怀疑：对自己行为的对错反复怀疑，有时候会无依据地去怀疑自己做的事情，比如自己出门后，反复怀疑自己没关好门而去检查；怀疑自己出门前没有关水龙头、煤气灶；怀疑自己钥匙丢了，因为没有放在自己平时放的地方等。

（4）强迫忧虑：对一些日常约定俗成或者公认的客观事实的思考，表现出“杞人忧天”式的愁虑，比如为什么早上是公鸡打鸣，不是母鸡打鸣；男女为什么生殖器不同；亚洲人为什么头发是黑色，欧美则是黄色或其他的颜色等。

（5）强迫对立思维：对于事物的反义词不受控制地在脑海出现，所以害怕自己说错话，做错事，比如：看到东马上想到西，看到左马上想到右，看到正确马上想到错误等。

（6）强迫恐惧：害怕自己伤害到自己，也害怕自己伤害到别人，比如害怕自己交流时说出伤人的话语，害怕自己端菜时把菜撒到别人身上等情况发生。

（7）强迫“性”观念：难以控制的性想象和性冲动，内容可能涉及同性恋等，还担心自己说出违反道德的话语等。

2. 强迫行为

强迫行为主要表现是无意义的、重复的、仪式化的动作。这些动作不是处于特定性的目的而去做的，主要有以下行为：

（1）强迫洗涤：反复洗手、洗澡、洗衣服，哪怕手开裂了还要洗，身上洗破皮了还要继续洗，衣服恨不得一天洗几次，明明自己知道这些是不必要的，但无法自制，一旦不去洗，会失魂落魄，甚至大发脾气。

（2）强迫计数：不受控制地数自己走的步数，计算自己看到的电线杆、气球、糖果、相同颜色的衣服等，一旦中途被打断，会懊恼地重新开始计数，这和强迫性联想相关。

（3）强迫仪式：日常生活时，会强迫自己按照做事情的顺序，行事非常刻板。比如：睡觉之前，脱衣服后必须把衣服、鞋子等个人物品，按照一定的顺序理好才去睡觉；关门后必须返回再次确认门已经上锁；熄灯后，必须再次开灯看物品是否都摆放整齐等。

（4）强迫检查：反复去检查门窗是否关好，水电气是否关好，出门钥匙是否带着等事情，浪费了大量的精力，十分疲惫。

（四）强迫症的防治

青春期的青少年独立意识增强，处于成熟与幼稚之间，时刻追求“理想的自我”，而现实的自我又不是那么完美，因此这之间会出现冲突，出现强迫现实的自我去贴近理想的自我。强迫症会妨碍青春期男女的自信心、果断、坚毅、灵通等性格培养。不及时治疗，会产生焦虑、犹豫、抑郁等情况，甚至在成年后不被同事等多人理解，形成孤僻、多疑等不良性格，我们可以从以下方面来防治。

1. 正确认识强迫症，建立自信心

强迫症只是神经官能症的一种，不是精神有问题，因此不要紧张和焦虑。强迫症的情况在正常人身上也可以看到，不要惧怕，不要觉得自己是怪异的，要有自信心。惧怕只会让强迫意识和行为出现得更频繁，让身体记忆形成条件放射，造成纠正难度增大。

2. 顺其自然，避免回避行为

在面对强迫症时，不要去关注，学会去忽视它，在强迫症已经发生时，面对恐惧的情境不去惧怕，不去回避，尽可能地在恐惧中暴露较长的时间，这样随后的焦虑和痛苦就会缓解，对于恐怖的情境就会慢慢脱敏。

3. 寻找适合自己的放松方式

人体过于紧张会让大脑进入强迫思维的恶性循环，要找到适合自己的放松方式，比如运动在增加身体的新陈代谢时，脑部明显活跃，会分泌一些“愉快素”；看喜剧电影时可以明显改善自己的一些消极情绪等。

4. 加强沟通与人际交往

要多和家长、老师等过来人沟通，将自己的迷茫与痛苦告知他们，以寻求他们的帮助，使不良的强迫思维及行为得到正确的指导。青春期男女有“自发性集合”的倾向，平时可以多参加各种集体活动，加强人际交往范围，得到更多相互模仿、互相学习的机会，不仅愉悦了身心，还减轻了心理压力，有利于强迫症的恢复及治愈。

5. 家长要建立良好家庭氛围，选择正确的方式去培养孩子习惯

父母吵架时，孩子可能会恐惧，并强迫自己不去争吵地点，有些家长对孩子生活习惯的培养方式简单粗暴，甚至采用恐吓的教导方式，导致了家庭氛围紧张压抑，这些都为孩子步入青春期后形成强迫症埋下隐患。家长要建立和睦的家庭环境，并且要用轻松愉悦的方式去培养孩子的生活习惯。

6. 家长及老师对青春期强迫症患者进行为指导时，要取得他们的合作

比如在得知孩子有强迫症时，不要惊讶和过度关注，要争取他们的合作，来配合家长及老师给他们带来的指导。

（1）消退抑制法：有孩子喜欢数糖果，那就把孩子带到商场，让他一家一家地去数不同的糖果，去数但是不买，在数的时候去催促孩子快一点，还要去下一家数，一直到孩子又累又饿，从此对数糖果感到毫无趣味为止。

（2）系统脱敏法：当孩子有恐高症时，每次到从高处往下看时，都觉得自己要掉下去，可以让孩子在家长或者朋友的陪同下去爬山、爬楼梯等，一点点地往上爬，然后适应往下看的感觉，直到恐惧感完全消失为止。

（3）厌恶疗法：包括电击厌恶疗法、药物厌恶疗法、橡皮圈疗法、想象厌恶疗

法。目前采取橡皮圈疗法及想象厌恶疗法较多。橡皮圈疗法是在强迫症患者的手腕上戴上橡皮圈，出现强迫症行为时，用橡皮圈弹及皮肤。想象厌恶疗法是将施治者口头描述的一些厌恶的情境和求治者想象中的刺激联系在一起，从而产生厌恶反应，以达到求治者不再强迫自己的目的。此疗法操作简便，适应性广，对各种行为障碍疗效较好。

7. 去医院接受专业治疗

如果采用上述6种方法后，青春期青少年的强迫症仍无法缓解，那么应在家长的陪同下，去医院接受专业治疗，由专业医生为其选择合适的药物，制定综合方案来整体治疗。

十、厌学

（一）厌学的定义

厌学是学生讨厌学习，对学校产生厌倦情绪，并在客观上明显表现出来的行为。

（二）厌学的主要表现

日常生活中厌学的表现形式各式各样，以下几种表现发生频率较高。

1. 学习缺乏兴趣、求知欲、好奇心，只是被动地接受来自老师的知识，而不是积极、主动地去学习，有时候表面在看书，其实思维已经不在书上面了。

2. 学习纪律差，上课开小差，发呆，打瞌睡、睡觉、迟到早退等。课后不愿意写作业，经常抄同学的作业，把学习看作是一种负担，甚至逃学、辍学等。

3. 喜欢违抗老师，不愿意去学校，一到学校或者上课就肚子痛、头痛等。

4. 不愿意家长过问自己学习的事情，对于学习，对家长及老师均保持沉默，或者烦躁、转移话题等。

（三）厌学的原因

造成青春期孩子厌学的原因很多，不仅有客观的原因，而且有主观的原因。

1. 学习本身的局限性

学习是一项复杂的思维过程，需要集中精力，花费时间，在这个过程中，伴随着精神的高度紧张，压力巨大。并且在当今社会，很多人都是从小开始进行学习，长此以往，有的人会产生疲倦，然后逐步演变成厌学。

2. 学生学习动机缺失

学习动机缺失是厌学的重要原因之一。学生对学习的认识缺乏，没有需求欲，在好玩贪动的天性下，不想去学习。青春期的学习一般都是在家长和父母的强压下进行，缺乏主动性。另外社会上“读书无用论”的影响，导致学生对于学习的态度十分消极，认为金钱最重要，知识没什么用，不读书也可以赚大钱，花钱去读书是浪费，还不如早点进入社会赚钱。

3. 学习兴趣缺失及转移

不管是学业负担过重、学习压力过大、学业成绩不佳，还是不喜欢老师的教学方式等，都会让学生认为学习是一件无趣的事情，进而造成学生的厌学情况的发生。还有一部分学生是由于沉溺于看小说、打游戏、上网等活动，整个人的兴趣点转移了，所以讨厌学习，甚至厌恶学习。

4. 悲观学习及受挫能力太差

学生对于学习很悲观，认为自己怎么学习都达不到老师和家长的目标，缺乏自信心，在受到学习上面的挫折时，无法自我调节，进而出现厌学。

5. 家庭环境影响

家庭环境对学生印象很大，比如家长经常打牌，抽烟、喝酒，自己不去追求进步学习，每天却去教育孩子要努力学习，缺乏说服力，孩子也会更加觉得学习不是为了自己，进一步丧失学习的兴趣和动力。

6. 老师的影响

有的老师上课无趣，采取填鸭式的教学方式，导致学生上课不想听，知识掌握理解不够。也有的老师喜欢用分数去评价学生，看不到学生的进步和努力，一味地批评学生。这些都会造成孩子厌学。

（四）厌学的危害

1. 影响学习成绩，导致恶性循环

厌学的学生在上课时听不进去，下课不想写作业，回家就想玩，缺乏学习兴趣、动机，每天在家长的压力下去学校上课，学习成绩不好，然后越讨厌学习，形成恶性循环。

2. 影响人际交往

在学校中，那些学习不好的学生容易被贴上标签，老师也喜欢将这些学生安排在教室的后面，面对来自老师和同学对成绩不好的歧视，他们自卑感明显，甚至仇恨、愤怒。这些都阻碍了厌学学生的人际交往。

3. 影响学生的心理健康和个性形成

厌学容易导致内向、自卑、自闭、情绪不稳定、敏感等不良心理，形成孤僻、古怪、冷漠、偏执等不良人格特征。

4. 影响班级学习氛围

厌学具有传染性，厌学学生的不良行为认知和习惯，会弥漫整个班级，极大地破坏班级的学习氛围。

（五）厌学的防治

1. 从学生自身来看，可以从以下方面入手防治厌学症

（1）充分认识学习的意义和重要性：知识改变命运，青少年无法决定自己的出生、家庭环境、教育环境等外在因素，但是可以通过自己的努力，去把学习搞好，为以后升学、进入社会打下坚实的基础。在学习的过程中，青少年可以开拓视野、获取智慧、锻炼逻辑思维能力，丰富自己的生活。

（2）纠正不良学习心态，自我调整：面对学习，青少年不能有逃避、畏惧等不良心态。在面对家长、老师对学习的期望和多门功课学习的压力，要学会自我调整，寻找减压方式，放松心态。

（3）学会与他人沟通：不管是和家长、老师还是和同学，都要学会主动地去沟通，克服厌学的过程不是一个人的战斗。青少年在学习过程中遇到困难与挫折，可以及时和别人沟通，表达自己的想法，在获取他人的帮助和理解时，可以强大自己的受挫能力，并且可以减少以为学习成绩不佳造成的人际交往障碍。

（4）明确学习目标，主动学习：对面不同阶段的学习状态和成绩，青少年要去制定不同的学习目标，当学习目标确定好之后，主动学习，努力去完成自己的目标，可以帮助其增加学习动机和兴趣。

2. 从家长来看，可以从以下方面入手帮助青少年防治厌学症

（1）对孩子的期望要适度：不是每个人都是第一名。在面对自己孩子的学习成绩，不要给予过高的期待值，比如自己的孩子每次都是倒数第一，不要去期望孩子下一次可以考第一，可以期望孩子往前面进步几名。既不去过高期待孩子的成绩，也不去低估孩子的能力。

（2）学会言传身教：跟孩子一起学习，尽量不要去做那些不让孩子做的事情，比如家长让孩子好好看书，不要玩手机，而自己却玩手机玩得不亦乐乎，这样很容易引起孩子的厌恶和反叛心理，家长应以身作则，孩子在学习时，自己在旁边看书、杂志等。

（3）多鼓励，建立孩子自信心：很多厌学的孩子，都很自卑，缺乏自信心，认为自己学不好。家长要肯定孩子对学习的付出，面对他们取得的任何进步，都及时给予肯定和表扬。孩子自信心建立后，便不会再觉得学习是一件痛苦的事情，转而主动学习。

（4）营造良好的家庭氛围：在孩子面前不吵架，给孩子营造一个和睦、温馨的家庭氛围，让孩子在学习之余可以在家里得到充分的放松，规律的生活作息可以为孩子学习提供充分的精力。

3. 从老师的角度来看，可以从以下方面入手帮助青少年防治厌学症

（1）努力提升自己的教学业务水平：上课不照本宣科，不采用填鸭式教学，要结合班级学生情况和教学任务，进行素质教育。

（2）给予厌学孩子更多的关注，培养其学习兴趣：在教学过程中，对厌学孩子投入更多的关注力，做到“五优先四经常”。“五优先”是指优先提问、优先答问、优先演算、优先批改、优先辅导；“四经常”是指经常考察、经常指导、经常鼓励、经常强化。营造良好的学习氛围，让孩子在实践中去培养兴趣，逐步形成良好的学习习惯和学习方法。兴趣是最好的老师，当厌学学生对学习有了兴趣，他们的学习成绩就会逐步提高。

（3）批评有度：在批评学生时要注意场合和尺度，因为学生的承受能力相对成人来讲，还是比较脆弱的。有时候批评过度，学生心理崩溃，无法承受来自己老师和家长的期望，索性就破罐子破摔，甚至出现逃学、游走在犯罪边缘现象。所以老师在评价学生时要全面，不单纯以分数衡量，要学会去表扬同学的闪光点，以此增加学生学习的自信感，成功时让孩子感到成功的喜悦，同时也要注意批评的尺度。

（4）关注厌学学生的人际交往：很大一部分厌学的学生是因为在学校的人际交往存在障碍，可能被孤立，也有可能是其本身比较内向，很难和同学正常交往，不管是什么原因，老师都要去帮助这些学生，来祛除学生的孤独感，进而不排斥学习，并爱上学习。

（5）面对厌学的学生，老师可以单独布置其作业，或者采取和正常学生不同的作业完成度评价方式，以此减轻其心理负担。为厌学症学生营造了一个参与学习的环境。

4. 从学校乃至社会来看，要营造一个健康向上的氛围

青春期的学生缺乏对社会上大量信息的辨别度，不知道好坏，因此政府要去制定相应的规章，让正能量形成社会的主流文化，去宣扬知识的重要性。

预防及克服学生的厌学情绪，需要以上各个不同群体的共同协作，才可以起到最好的结果。

【附】测试厌学情绪的量表

下面是一个测试是否存在厌学情绪的量表，本量表一共有20道题目，请你根据自己的实际情况如实选择“是”或“否”。

1. 我认为学习一点意思也没有。（　）
2. 我是迫于形势才不得不学习的。（　）
3. 我一学习就觉得没劲。（　）
4. 在现在的社会里，学习没什么用处。（　）
5. 我认为学习是件苦差事。（　）
6. 到学校去上学简直是件苦差事。（　）
7. 我学习只是为了父母。（　）

8. 我对学习没什么兴趣。 （ ）

9. 一上课，我就无精打采。 （ ）

10. 上课时老师讲的内容我总是似懂非懂。 （ ）

11. 我常常抄同学的作业。 （ ）

12. 我即使无事可做，也不愿学习。 （ ）

13. 我认为自己不是什么读书升学的料。 （ ）

14. 我背书包上学只是为了消磨时光。 （ ）

15. 我上学经常迟到、早退。 （ ）

16. 我和老师的关系比较紧张。 （ ）

17. 我对影视明星、歌坛新秀、体坛名将、青春偶像等很感兴趣。 （ ）

18. 我上课注意力不集中，常常走神。 （ ）

19. 我一拿起书本就感到头疼。 （ ）

20. 我上课时常常做一些与学习无关的事。 （ ）

评分：每题选择“是”记1分，选择“否”记0分。然后将各题得分相加，即得你的总分。

解释：1~6分：说明你有轻微的厌学情绪。

7~13分：说明你有中等程度的厌学情绪。

14~20分：说明你有严重的厌学情绪，需要及时求助于心理医生。

十一、网络成瘾

（一）网络成瘾的定义

网络成瘾是指长时间重复使用网络而造成的依赖感，以至于痴迷到无法控制的行为状态和心理状态，引发一系列的生理功能、心理功能、社会功能受损的一种过度行为。

（二）网络成瘾的症状

1. 强烈的迷恋

网络成瘾者对上网有着强烈的心理需求，其思维、情感、行为被上网这一活动支配，上网成为日常生活的主要活动，在无法上网时会有强烈的渴望感，并且在不

能上网时，会出现烦躁不安、焦虑等情绪变化。部分学生长时间熬夜上网导致个人生物钟的紊乱，学习成绩和生活质量等都会有不同程度的下降。

2. 情感淡漠

情感淡漠主要表现在集中在网络交友成瘾这种类型的人群。他们喜欢在网络世界里与人交往，抛开年龄、身份、性别等束缚，隐藏真实的自我，与不同人群交往，情感热烈。相比较而言，对于现实中的亲人、朋友，他们会表现得很冷漠。

3. 人际交往变窄

网络成瘾者在网络上可以很顺利地和各种人群交往，但是在现实生活中，可能因为各种原因导致交往受挫，比如：自身的外貌欠佳让自己缺乏自信、学习成绩不佳、家境不好等。这种网络交友和现实交友的反差会导致更多的社交焦虑，使他们对现实交往产生畏惧，进而出现逃避情况，将更多的情感寄托到网络上，长此以往出现人际交往障碍。

4. 意志力薄弱

网络成瘾的人群会通过逐渐增加上网时间和投入程度，来获取满足感。在生理、心理等出现异常时，自己意识到危害时，想要缩短上网时间，在强制阶段后，逐渐变得狂躁，最后控制不住自己又去上网，这种矛盾的反复会导致其自身意志力的摧毁。

（三）网络成瘾的诊断

1. 耐受力增强，要不断地增加上网时间才能达到同样的满足程度。

2. 戒断症状：如果自己有段时间没有上网，个体就明显焦躁不安，时刻担心自己会错过什么。

3. 上网频率总是比原计划高。

4. 企图缩短上网时间的努力总是以失败告终。

5. 花费大量时间在于互联网有关的活动上。

6. 上网使个体在社交、学习等方面受到严重影响。

7. 虽能意识到上网所带来的严重问题，但仍然继续花费大量的时间上网。

如果在过去1年有上述3种以上的症状表现，就可以初步诊断有网络成瘾；当日常生活和社会功能受损时（比如学习、社交等），表明网络成瘾已经很严重了；从时间上来看，平均每日连续使用网络时间达到或超过6小时，且符合症状标准达到或超过3个月。

（四）网络成瘾的危害

1. 学习成绩下降

青春期男女一旦有网瘾，那么耗费在上网上面的时间会逐渐增加，相应地放在学习上面的时间和精力就会下降，学习成绩下降是必然的，而且一些研究表明，长时间上网，会导致人体功能紊乱，智力下降，这些也会导致学习成绩下降。

2. 危害身体健康，引发一系列生理疾病

青春期是人体生长发育的关键时期，当对网络迷恋时，长时间上网，会破坏人体正常生物钟，导致身体免疫力下降，从而诱发一系列生理上的疾病，影响生长发育。

（1）眼部疾病：近视、干眼病等。

（2）脊柱类疾病：颈椎病、腰椎病、腰椎劳损、脊柱侧弯等。

（3）肩周炎。

（4）“鼠标手”。

（5）肌紧张性头疼及血管性头痛等疾病，甚至会形成顽固性紧张性头痛。

（6）如果选择上网地点的通风和卫生条件不好时，会引起肺结核、接触性皮炎、胃肠道疾病、感冒、头晕等疾病。

3. 危害心理健康

网络成瘾不利于青春期男女的心理健康，当身体因为长时间上网出现生物钟紊乱、免疫力下降，诱发一系列的生理疾病后，整个人的思维逻辑会很混乱，对现实生活失去热情，冷漠地对待周边的人和事，引起抑郁症、自卑等心理

疾病。当多次出现“网络戒断”后，意志力变得很薄弱，悲观、放弃等负面情绪不断出现，变得更加寻求网络上的自由，有时候将网络上的规章带入现实中，很多是不被接受的，会逐渐让网瘾患者出现自我认知障碍。

4. 影响正常人际交往

很多网络成瘾的人群存在“人机热，人人冷”的情况。面对网上的交流与沟通，他们热情澎湃，面对现实的人与人之间的交往，却很拘束甚至恐惧，有时候缺乏信心和耐心。长时间沉浸在网络世界里，使得他们减少了与人交往的频率，面对面的语言表达能力有所降低，而且由于网络成瘾，他们慢慢变得孤僻，逐渐不愿意与人交往，甚至封闭自我，拒绝他人进入自己的世界，最后导致各种人际交往障碍。

5. 弱化道德意识，甚至走上犯罪道路

在虚拟的网络世界里，人的各种情况都可以得到隐藏。现实有各种法律法规来约束人们的行为，而且有一定的惩罚方式，但是网络世界则缺乏这些。人们在网络交往时缺乏责任和义务，网络行为充满了自由任性，缺少道德约束，容易在网络游戏、不良网站中放纵自己的欲望。久而久之，网络上的思想行为会逐渐影响到现实生活，使得他们在现实中也弱化了道德意识，很容易走向犯罪道路，比如：在接收到网络上的色情、暴力、诈骗等不良信息，缺乏分辨力的青春期男女很容易受到诱导，走上犯罪的道路，出现性侵、校园暴力、偷盗等犯罪行为。

6. 影响正确世界观、人生观、价值观的形成

网络世界的信息内容丰富复杂，良莠不齐。网络上难免有一些不怀好意的人或群体，利用网络大肆宣扬不当言论，消极、违法、犯罪等思想，制造了大量的电子毒品，青春期的孩子无法从大量的信息中去鉴别和判断。存在网瘾的孩子，在网上接触到负面思想之后会使他们的世界观、人生观、价值观产生倾斜，不利于身心及社会发展。

（五）网络成瘾的防治

1. 学会科学上网，深知网瘾危害

在上网时要有目的，知道自己上网是为了什么，比如：查阅资料，看学校课后作业等，不要一回家就开电脑，漫无目的地浏览网页。在上网时也要限制上网时间，尤其是打游戏、看电视剧，与人聊天等的时间，避免熬夜。了解网络成瘾的危害，避免它的发生。

2. 提高自制力，建立奋斗目标

去设置一个通过自己努力可以达到的目标，多参加实践活动，有意识地锻炼和培养自己的自制力。比如当上网打游戏的时间 1 小时到了，自己要立刻结束，不要再玩。如果做到了，可以适当给自己奖励，比如吃自己喜欢的零食等。

3. 学会调节自己的情绪

面对自己的情绪变化，尤其是有悲伤、郁闷等不良情绪时，要学会自我调节，比如可以打篮球、看电影、与家长朋友聊天等。

4. 建立良好的人际关系

在和他人交往时要做到“严于律己，宽以待人”，学会人际交往的小技巧，比如保持微笑、学会倾听等，以此来建立与他人的良好交往关系。

5. 培养自己的爱好

在业余时间，青少年可以积极地学习一些自己喜欢的项目，比如打羽毛球、练瑜伽、写毛笔字等，这些不仅可以陶冶情操，也可以帮助减少上网的时间和频率，控制自己的上网行为。

6. 严格控制上网时间

对于完成学校作业、查资料等有益处的学习行为，家长可以放宽孩子的上网时间，但是对于打游戏、看电视等娱乐行为，一定要严格控制时间，毕竟孩子自制力有限。

7. 家长要多陪伴孩子

可以和孩子一起学习网络知识，利用下班时间去和孩子一起玩，比如打篮球、跑步、下棋等，不仅能够丰富孩子的课外活动，还能在亲子游戏中帮助孩子建立正确的人生观、价值观。

8. 家长要有耐心，选择合适的治疗方案

一旦孩子染上了网瘾，这个戒除的过程是比较漫长的。家长帮助孩子时要有耐心，并且要选择合适的治疗方案，寻求正规医院专业医生的指导，不要盲目地将孩子送到那种连营业执照都没有的所谓“网瘾戒断中心”。

9. 学校要加强网络宣讲，增加实践活动，及时对网瘾学生进行心理疏导

在学校，老师可以利用课堂、黑板报等形式去宣讲如何正确上网、预防网络成瘾，多开展一些有利于身心发展的实践拓展项目，以此来培养青少年健康的心理和健全的人格。对于已经染上网瘾的学生，不去歧视他们，要采取正确的方式疏导他们，充分发挥好学校心理咨询室的作用。

十二、失眠症

（一）失眠症的定义

失眠症是指由于无法入睡或者睡眠状态维持困难，导致睡眠数量或者睡眠质量无法达到正常生理需求的疾病，是睡眠障碍最常见的一种。

（二）失眠症的临床表现

1. 入睡困难，入睡时间超过 30 分钟。

2. 容易早醒，醒后无法再入睡。

3. 睡眠时相紊乱：睡觉时间长，但是中间会反复醒过来，超过 2 次。

4. 睡觉时长较平常短，总时长小于 6 小时。

5. 睡眠质量差：睡觉多梦，尤其是噩梦。

6. 日间残留效应：第二天感觉精神不集中，头昏，记忆力下降、瞌睡等功能障碍。

（三）失眠症的分类

1. 按病程分类

（1）暂时性失眠：小于 1 周。

（2）短期性失眠：1 周至 1 个月。

（3）慢性失眠：大于 1 个月。

2. 按严重程度分类

（1）轻度：偶发，对生活质量影响较小。

（2）中度：每晚发生，中度影响生活质量，伴有一定症状（易怒、焦虑、疲倦等）。

（3）重度：每晚发生，严重影响生活质量，临床症状表现突出。

3. 根据临床表现形式分类

（1）入睡困难型：又称“起始失眠”，入睡时间超过 30 分钟。

（2）保持睡眠困难型：又称“间断失眠”，是睡眠过程中容易醒，几乎每次醒来时间超 30 分钟。

（3）早醒型失眠：又称“终点失眠”，指早上醒得很早，想睡又睡不着。

（四）失眠症的危害

1. 影响青春期孩子生长发育

人体在青春期的生长发育和生长素的分泌有一定关系。生长素是下丘脑分泌的一种激素，它和睡眠息息相关，在人熟睡后有一个大的分泌高峰和几个小的分泌高峰，在非睡眠时则分泌减少。睡眠不足导致生长素分泌不足，不利于人体的生长发育。

2. 影响第二天的精神状态

当睡眠不足时，第二天整个人处于昏昏沉沉、嗜睡的状态，不仅会拉低学习生活效率，还容易造成各种失误，影响正常生活。

3. 容易诱发肥胖

失眠能造成人体内消脂蛋白浓度的下降。消脂蛋白是血液系统中活动的一种物质，具有抑制食欲的功能，能够影响大脑做出是否进食的决定。失眠同时能增加人体内食欲激素浓度，这种食欲激素能够引起人的进食欲望。因此当这些激素发生

"混乱"时，大脑也会陷入混乱，从而引发肥胖。

4. 影响皮肤的健康

睡眠不足会引起皮肤毛细血管淤滞，局部循环不畅，皮肤无法获取充足的营养，使得皮肤出现老化，比如最明显就是眼底黑眼圈的形成，容易长皱纹等。

5. 免疫力下降，诱发疾病产生

长期睡眠不足，会导致人心情焦虑烦躁，免疫力下降，由此产生一系列疾病，如神经衰弱、胃肠道疾病、心血管疾病、卵巢早衰、脱发等。

（五）失眠症的防治

1. 找到失眠的原因，给予针对性治疗

只有找到失眠的原因，才能更好地进行针对性治疗：比如学习压力过大、人际交往出现问题、抑郁情绪、长期白天喝咖啡等。

2. 作息规律，选择舒适的睡眠环境

每晚在固定的时间睡觉，让自己的身体逐渐形成条件反射，并且选择一个舒适的睡眠环境，比如安静、光线昏暗、枕头高低合适等。

3. 选择合适的睡眠姿势

合适的睡眠姿势是右侧卧位，右腿向下屈曲，左腿在上伸直，我们称之为"卧龙势"，可以固肾保元、养心安神。

4. 合适的运动，良好的睡前状态

白天选择一些强度不大的运动，如做瑜伽、散步等，可以帮助睡眠。在睡前不要进行负重运动，不喝浓茶、咖啡，不进食过饱等，保证睡前的良好状态。

5. 饮食合理

早餐不宜过饱，晚餐要少吃，避免大鱼大肉和辛辣刺激的食物，营养过剩会影响睡眠。

6. 睡前泡脚

睡觉之前，可以泡一下脚，身体微微出汗即可，不要泡到大汗淋漓，可以促进人体新陈代谢，改善循环，帮助睡眠。另外泡脚水中也可以加入一些艾叶（艾叶具有安神助眠的作用）。

7. 揉按安眠穴

在安眠穴行指揉法，以食指、中指成剑指，置于安眠穴上，稍用力按揉，微觉酸胀感为度。在睡觉前按揉 5~10 分钟即可。

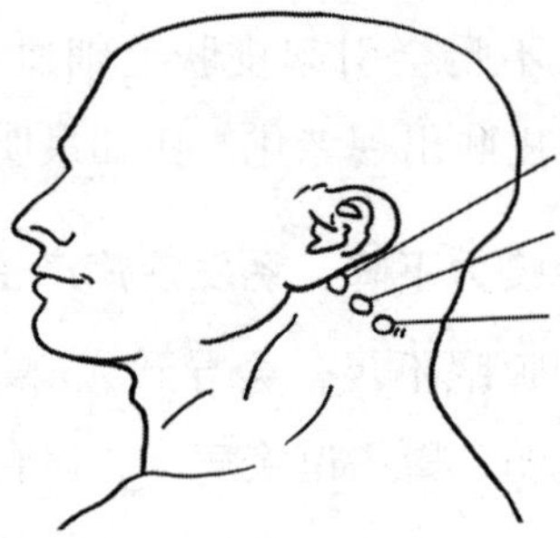

安眠穴为经外奇穴之一，在风池穴（在后颈部，后头骨下，两条大筋外缘陷窝中，与耳垂齐平）与翳风穴（在耳垂后方，当乳突与下颌角之间的凹陷处）连线的中点就是。擅于安神助眠。

8. 及时去医院就诊治疗

当失眠影响到生活时，患者应及时到医院就诊，在专业医生的指导下进行用药及相关心理治疗。